賴彥丞／著

黨校化危機

大學校方與學生自治
面對政治力滲透與介入的挑戰

謹以本書紀念國立陽明交通大學合校兩周年

我是賴彥丞，
我是陽明交大的研究生，
我支持大學自治，
我反對政治介入學術！

我認為學生會應該致力於服務全體學生，
而非獨厚特定黨派的學生支持者！
我反對學生會偏向特定政黨色彩，
因為我相信民主不是只有一種黨派的聲音！

作者序 / 走出校園，拒絕黨校：大學應該是社會的「中間地帶」

「寧願最後徒勞無功，也不選擇無動於衷。」香港反送中民主抗爭期間，一位陳抗者在牆上如此噴漆。知名本土政治幕僚職人劇《人選之人—造浪者》金句：「**這次我們不要就這樣算了！**」面對政治力對大學的滲透與介入，有不少人選擇群起唱和或默不作聲，但也有極少數人選擇公開表達異見以捍衛大學自主、學術自由、行政中立與學生自治。

《大學法》第一條第一項：「大學以研究學術，培育人才，提升文化，服務社會，促進國家發展為宗旨。」正因為大學被賦予如此崇高且神聖的任務，如同已故臺大校長傅斯年所言「**貢獻這所大學於宇宙之精神**」，比起其他各級學校如中小學而言，大學才得享有很大程度的自治權。

大學，理應是社會的「中間地帶」，意即該領域理應不屬於任何政治黨派的勢力範圍，更可謂超越特定黨派的存在，正因為有這些中間地帶，才使得我們的社會充滿各種不受政治力束縛的活力。然而，**即便臺灣民主化已久，不論是校外政治勢力對學術機構的意圖染指，或是校內教職員生自甘淪為政治側翼鷹犬，都使得大學逐漸步向「黨校」的墮落。**

政黨傾盡全黨之力對抗大學學倫審查、校方借場地或協助候選人在校內搞造勢動員、學校與政黨地方黨部合辦政治

研習營……，高教場域太多牽扯政治的謬事，根本與《大學法》所言之研究學術、培育人才、提升文化、服務社會、促進國家發展等毫無關聯甚至背道而馳，但這些並非發生在戒嚴黨國體制的威權背景，而是在這幾年號稱民主享譽亞洲的臺灣，怎會讓人不會感到不寒而慄？行政中立，是對公務人員最基本的操守要求，豈能形同具文？

同時，「學生會對外代表全體學生」幾乎是各大專校院學生會組織規程都有的字句，代表著每位學生自治參與者對全體會員同學們的莊嚴承諾「我受你所託並會為你發聲奮戰」。然而，**特定的個人或組織卻毫無底線地一再踐踏這些莊嚴承諾，假藉促進公共參與之名行將自治公器窄化為個人政治宣傳工具之實，甚至對於不同立場的會內夥伴開始黨同伐異、政治鬥爭，使得學生會對外不再代表全體學生，而充其量只是獨厚了特定黨派的學生支持者。**各位同學們，你們甘心學生自治被這群人把持與玩弄嗎？我不甘心，我非常不甘心。

學生自治是否有受到政治勢力影響？全國整個學生自治圈卻往往諱莫如深，明明有跡象擺在眼前，政客為了謀取政治利益於大學而無視「黨政軍退出校園」紅線，這些現象儼然「房間裡的大象」（Elephant in the room）[1]**般被集體視而不見。**此時，總讓人想起美國黑人民權運動領袖馬丁·路德·金恩（Martin Luther King Jr.）名言：**「社會最大的悲劇，不是壞人的囂張跋扈，而是好人的過度沉默。」**

目前關於學生自治的專書少之又少，吾人四處翻找，終

於尋到具代表性的一本在 2010 年由國立臺灣師範大學第 11 屆學生自治會會長林少軒所著《踏入學生自治的世界：學生會理念與實務筆記》[2]，當中由時任國立臺灣大學社會系教授范雲（現任立法院教育及文化委員會召委）的推薦序裡提到：「有年輕朋友在參與學生自治後非常失望，**覺得曾經是理想的學生自治，已然淪為學生政客權力競逐的場域。**」那時可是十多年前的時空，如今十多年過後的今天，情況有改變嗎？恐怕只有更糟，**學生自治逐漸出現政壇那種最讓人厭惡的派系分贓、賄選綁樁、貪污舞弊、公器私用、黨國不分、黨同伐異、政爭不斷、造神運動**——最大的諷刺是學生會在學校所擁有的權力與獨立已遠比十多年前大幅增長。

我當然也有自己的政治立場與傾向，我以身為臺灣人為榮，高中時支持 2014 年的太陽花學運、2015 年的反黑箱課綱學運，大學時聲援 2019 年的香港反送中民主抗爭運動、2022 年的中國白紙革命民主抗爭運動。但近年來的時事尤其是**林智堅的碩士論文學術醜聞**[3]（相關護航林智堅的說法可參考由臺北市議員徐巧芯之團隊彙整之〈誰上了「抄跑」這台失智列車？〉[4]），**使身為碩士生的我大受震撼與衝擊**，尤其作為在新竹求學的理工人兼預聘半導體工程師，當我聽到林前市長稱「新竹產矽才有半導體產業」、把自身弊端重重的新竹棒球場自比為「世界級的臺積電晶圓也有不良品」時，還真是傻眼到無言以對。

正是因為越是看不下去，所以才越想振筆疾書。但是，不能只當「憤青」，面對問題與弊端也不是只有批判，而至

8

少應該分析原因並提供可能改善的方法。在本書的第一部到第三部，**我原則上不會用太強烈的字眼去批評所看到的人、事、物，而是多用「問句」**，有些問題或許會讓讀者發覺顯得「明知故問」——這正是在下的本意，**透過明知故問讓讀者自行判斷當中的是非，找出到底是哪些人在睜眼說瞎話、考驗大眾智商。**

在寫這本書時，我盡量放下黨派立場之執著，除了不希望因政治立場而蒙蔽對基本是非之判斷，更因為學術不應受到政治之干預，我一字一句紀錄了近五年來大專校院政治影響校園事件之案例，個案類型包含但不限於境內政治勢力意圖滲透與介入大學校園、大學校方自身涉嫌行政不中立之爭議與疑慮，分析**高教場域「泛政治化」（Para-Political）的氾濫成災**，當然我也不怕本書出版後會遇到側翼網軍的何種人格謀殺。**我在尚未離校與自去年 5 月以來高教界熱議的《大學法》修正案三讀前完筆，讓相關高等教育與學生自治議題「走出校園」，喚起社會大眾的關注，也為當代高教崩壞危機留下永恆見證。**

一本默默無名的研究生寫的書有可能影響臺灣高教與學生自治嗎？「寧願最後徒勞無功，也不選擇無動於衷。」1940 年在試圖逃離納粹德軍追捕而自殺的德國猶太裔哲學家班雅明（Benjamin）曾說：「**正是為了那些毫無希望的事物，我們才被賦予希望。**」從學生自治到高教環境，相信這是最好的時代，也是最壞的時代。

黨校化危機　大學校方與學生自治
面對政治力滲透與介入的挑戰

目錄

**黨校化
危機**　大學校方與學生自治
面對政治力滲透與介入的挑戰

第一部：序章

第一章　淺談過往校園的政治控制

　　政治控制大學校園最嚴重的時代，自當非戒嚴時期莫屬，以反共爲名的白色恐怖使校內教職員生人人自危，甚至因此入獄或被槍決。校內有人二室對教職員進行思想審查、軍訓教官負責箝制學潮，更有國民黨設立之校園黨部（知識青年黨部）大搞政治偵防、師長動輒慫恿學生加入國民黨，同時校內還有蔣公銅像與各種政治標語如「保密防諜」、「反攻大陸」等以對學生進行洗腦，相關的大學校內戒嚴監控之史料，可以從《促進轉型正義委員會任務總結報告第二部探求歷史眞相與責任的開端：壓迫體制及其圖像》中的「跨機關協力的實例：大專院校保防」（第 145-161 頁）[5]了解。

　　至於其他國家政治控制校園的案例，最經典的恰好是鄰近臺灣的中華人民共和國，不論是文革時期的**紅衛兵**，或是今日依然遍佈各大學的**共青團**，都是政黨滲透、控制與洗腦學生的鐵證。**中國的大學新鮮人入學後的第一件事，往往須思考是否要入黨**，想了解中共如何控制大學，諸如在校、院、系等學校各級組織設立黨委、黨支部，可由研究中國多年的日本學者西村晉之《中國共產黨，世界最強組織》（譯者：郭凡嘉，2023 年 4 月出版）一書來探究竟。

　　對比之下，作爲民主標竿的歐美國家，大力倡導「**政（治）、教（育）分離**」的香港城市大學校長郭位（於 5 月卸任，我的中一中學長，獲母校表揚爲傑出校友）在 2023 年 2 月出版著作《**高等教育的心盲：台灣、香港、大陸與全球大學的困境和危機**》一書，第十五章〈政教不分自我調整的機制〉（第 269 頁）提到，西方執政者涉入大學事務之程度，美國、加拿大涉入最少；法國、以色列則幾無涉入；歐洲、澳洲則有校長因政治之手伸入校園而辭職。

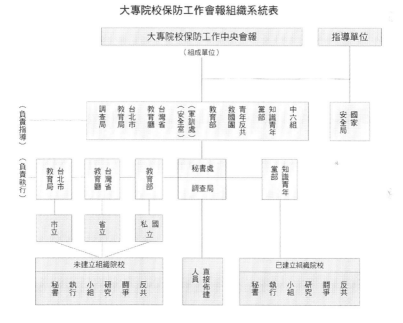

大專院校保防工作會報組織系統表

▲促轉會任務總結報告第二部呈現之 1971 年 9 月大專校院保防工作組織系統表 [5]

第二章　淺談當今校園中立之法規

威權時期，其實每間學校都是「黨校」，因此解嚴、終止動員戡亂後，「黨政軍退出校園」的民主口號逐步實踐，追求校園中立的過程也視作是一種「去黨校化」的轉型正義，杜絕戒嚴時期「政（治）、教（育）不分」的歪風。

1　去黨校化：教育中立 + 行政中立 = 校園中立

現行所謂之「**校園中立**」，主要由《**教育基本法**》第 6 條所規範的「**教育中立**」，與《**公務人員行政中立法**》的「**行政中立**」兩項結合而成。

《教育基本法》第 6 條第 1、2 項：
教育應本中立原則。
學校不得為特定政治團體從事宣傳或活動。主管教育行政機關及學校亦不得強迫學校行政人員、教師及學生參加任何政治團體或活動。

《公務人員行政中立法》第 17 條之準用此規定的人員，有關學校或教育機構之人包含公立學校校長及公立學校兼任行政職務之教師、教育人員任用條例公布施行前已進用未納入銓敘之公立學校職員及私立學校改制為公立學校未具任用資格之留用職員、公立社會教育機構專業人員及公立學術研

究機構兼任行政職務之研究人員、各級教育行政主管機關軍訓單位或各級學校之軍訓教官各機關及公立學校依法聘用或僱用人員。因此，**卽便是私校，軍訓教官仍必須如同公務員那樣格守行政中立**。至於其他法條，具代表性的是《政黨法》第 18 條，規定政黨不得在學校設置黨團組織。

2 硬拿西方比臺灣……忽略雙方國情不同

　　說到這裡，或許還會有人扯出美國爲例談政黨與學校的關係來類比臺灣，這是完全忽略臺美彼此國情不同的論述，試問美國有全境的學校長期黨國不分、淪爲黨國體制鷹犬的黑歷史嗎？延伸而論，美國因自身特殊歷史、文化因素而人民可有持槍權（當然也付出屢屢發生殺人魔大規模無差別掃射的悲劇代價），臺灣則沒有，我們會以此爲由說臺灣是個不自由的國家嗎？我國的民意會支持人人都有「持槍『自由』」嗎？各國的文化具多元性，筆者尊重美國的傳統，但**既然國情迥異當然就無法一概而論，「外國的月亮沒比較圓」**，一國因其歷史借鏡而有特色自是理所當然。

　　退萬步言，如果眞的這麼想要政治力可以肆無忌憚地在校園裡橫衝直撞，那就推動修法啊！比如說把《教育基本法》第 6 條之「學校『不得』爲特定政治團體從事宣傳或活動」直接改成「學校『應』爲特定政治團體從事宣傳或活動」啊！學校需要依法行政，總不能叫校方違法濫權吧？

第三章　淺談政黨側翼

　　2022 年地方選舉，「側翼」也是一個被凸顯的議題，我把所謂政黨側翼大致分成兩類：

一、**利益型側翼：**「傭兵」性質，本質拿錢辦事，主要受政黨輸送利益（如網路公關公司）或能因言行傾向該黨而獲益（如政論節目名嘴），故爲其護航。

二、**理念型側翼：**「義勇軍」性質，主要因理念與政黨相同而扮演協力角色（如該黨內部的基本教義派支持者），可能完全不收受政黨贊助。

　　政黨側翼的基層支持群眾往往是由特定政治傾向的人匯聚而成，提供其**政治同溫層**之情感號召，在討論公共議題時，敵我分明之特點可能使其具排他性（如**網軍出征不同意見者**），不過當政黨做出不符其側翼期待之政治行爲時，側翼亦有可能會反咬該黨一口。而側翼若毫無節制，則可能發生「尾巴搖狗」、「尾大不掉」之現象，反過來喧賓奪主將作爲「主翼」的政黨本身之存在壓過，進而影響政黨之路線走向或對外形象。

　　比如說，2022 年 9 月，當新竹市的藍、綠、白「三咖督」

黨校化
危機

大學校方與學生自治
面對政治力滲透與介入的挑戰

選情激烈至罕見超越直轄市而成為當年地方大選最受關注的
縣市，時任新竹市長候選人、民眾黨不分區立委高虹安為暗
諷林智堅論文抄襲案脫口而出「我師大榜首、臺大學術成績
第一名（斐陶斐）畢業，不是像什麼中華大學夜間部（竹市
在地私立學府，林智堅大學部學歷），才要去做臺大碩士灌
水」。其言論引發與中華大學夜間部戰學歷之爭議挨轟，中
華大學學生會將高虹安的道歉影片上字幕 PO 出後，遭到大
批特定黨派支持者的網友們灌留言稱「真不虧高虹安看輕中
華大學，你們學生會連骨氣都蕩然無存」、「年輕人膝蓋很
軟 Q」、「中華大學學生會好貼心喔，被 diss 了還幫上字
幕」、「笑死，這樣也吞的下去？」等等，部分言論甚至不堪
入目（比如有政黨側翼臉書粉專「無良公關」用「想當狗」來
羞辱該校學生會）[6]，在這群網友眼中，似乎中華大學學生
會應不接受高虹安的道歉並用力譴責才符合他們的「政治期
待」。

　　2023 年 4 月 9 日，我在出席由教育部青年發展署在長庚
大學主辦之 112 年大專校院學生會成果展時，委婉地詢問了
前來擺攤的**中華大學學生會，他們表示在去年選戰期間被這
些網友們的瘋狂政治攻訐造成會內人員不小的心理壓力甚至
創傷。**

第四章　給意圖介入校園之政治人物的忠告

　　從戒嚴時期的校園黨部、人二單位到民主化後的大學自治、教育中立，我們花了多久的時間、犧牲了多少位白色恐怖政治犯才確保教育與學術不受政治力的干涉與侵蝕？

　　在本書出版之日，正逼近 2024 年的總統暨立委選戰，政壇上流行著一句簡單卻一針見血的話：「選舉的致勝秘訣就是票多的贏、票少的輸。」政黨需要發展組織、拓展票源以勝選執政，於是就有政治人物將目標對準校園，但我真想問問這些政治工作者：你們想方設法將將政治力帶入校園的理由與初衷，到底是為了促進教育的公共發展？還是為了謀取個人的政治私利？

　　我國設有校園中立之法規如期面第二章所述，就算校園潛伏著各黨派的政治宣傳人員，然而**做人做事都該謹守分際（尤其法律作為社會的最低限度道德標準）**，不是嗎？就像愛情一樣，拿捏分寸的互動可以是親密，但逾越界線的行徑儼然性騷擾甚至性侵害。

　　有所為，更要懂得有所不為，這對掌握權力的政治人物尤其重要——**掌權者更要學會節制用權以避免成為權力巨獸**。言盡於此，相信以各位的政治智慧應該聽得懂我想表達的意涵是什麼。

黨校化
危機

大學校方與學生自治
面對政治力滲透與介入的挑戰

第二部：
近五年來各大專校院之政治影響校園事件個案的探討與分析

第一章　民主時代，政治力如何滲透並掌控大學？

首先我們要問 Why——政黨為何想將大學納入囊中？

1.爭取選票支持、培養從政人才與廣結校園人脈

對政治人物來說，人脈是選舉、公投的選票甚至是**政治獻金的來源**，也是可培養的從政人才，畢竟政黨的本質是由志同道合的人們所組成。

2.藉學術殿堂資源充實相關之智庫、調研等知識能量

大學的學術地位及資源能為政黨的知識加植有大幅進展，尤其在政策規劃、民意分析上。

3.發生學倫事件等特定情形有學校當靠山或內線以護航己方或打擊對手

「臥榻之側，豈容他人鼾睡？」政治的殘酷本質在於其充滿著各種鬥爭，不論是在黨內或黨外，在當今絕大多數人都有大學學歷之際，**假如能掌握政敵在校期間的「黑料」，並在選舉時操作以發揮最大效果，那將有助於自身的仕途。**最經典的案例，莫過於去年桃園市長參選人林智堅的臺大、

大學校方與學生自治
面對政治力滲透與介入的挑戰

中華大學論文案，其一再延燒最終拖垮先前被看好的民進黨地方選情，外溢效應導致黨內立委高嘉瑜「一屍五命」的悲慘預言一語成讖，普遍被視為藍綠選情消長的轉捩點。

其實，這類論文抄襲事件對當事人（也就是被檢舉人）最大的傷害，不是讓他少了一個學位，而是使其被貼上違反誠信的道德醜陋標籤，重傷中間選民對其之觀感而不利個人乃至全黨選情，未來從政之路也永留難堪的話柄與汙點。

那接下來我們要問 How——這裡僅討論不更動現有校園中立法規之情況下，政黨要如何做到呢？

1.以國家機器職權、公立大學預算、高教深耕計畫補助乃至於各類經費獎勵與資源分配等為籌碼，使得大學校方與學者不得不為五斗米或上級單位而折腰

人總是為了生存的錢財而傷腦筋，大學亦是如此——從大學校長之遴選往往側重候選人的募款能力即可知。俗話說**「有錢能使鬼推磨」**，政治勢力用權力、財力與資源去影響大學，從大專校院的學術發展到個別教授的研究主題，「誘導」他們選擇政府或特定政黨喜歡的主題而迴避其討厭的主題，以免影響學校的資源經費與個人的升等權益。

舉例來說，先「劇透」下一章內容將提到，那時正值臺大校長管中閔聘任案爆發初期，立法院民進黨、時代力量黨團總召藉協商 107 年度教育部預算案之際以黨團名義提出主決議 [12]，要求教育部對臺大校長遴委會「釐清疑義，否則不得進行後續聘任作業」，就是一個以預算案影響大學的著名

案例；而教育部作為各大專校院的法定主管機關，在為期一年左右的「卡管」上頻頻出招，往往令臺大校方與校長遴選委員會莫可奈何，「**國家機器**」有時還真的很好用。

2.透過扶植之「御用學者」、「職業學生」等，充當其側翼與眼線將大學納入自身勢力範圍

從學者到學生培養「自己人」，讓政治勢力能在大學校內有個照應甚至監控全校教職員生，當校外有事時也能看到這群「御用學者」、「職業學生」前來支援。或者另一方面，像近期政治人物在職專班碩論頻傳的抄襲醜聞，**不乏有學者為了自身仕途「主動投靠」以讓政治人物「洗學歷」，形成「你給我學位，我給你官位」的骯髒交易。**

3.營造特定大環境政治氛圍或鼓吹特定意識型態，使得大學教職員生產生自我審查或群起響應以達成另類控制

這點我在交大倒是有感，交大創立於 1896 年的中國上海，交大過往與對岸的北京交大、上海交大、西安交大、西南交大因系出同源而彼此互稱「五校一家」，**像交大、清大這類「創於中國、在臺復校」的大學，當遇到兩岸情勢不利時，有時就會處在尷尬地位，背後不乏隱約浮現大學之間的「省籍情結 7」——交大會被某些激進人士敵視為「外省大學」並貼上「外來者」的標籤，**他們甚至把交大於 2021 年與在「本土」成立的陽明大學（創立於 1975 年）之合校，看成是交大

「去中國化」的過程。2023 年 3 月初，連日本人都在操弄臺灣省籍對立——日本主流媒體《日本經濟新聞》的不實汙衊報導謬稱「國軍軍官外省人太多且九成退役後淪共諜」。

可難道「中國原鄉」是交大的「原罪」？交大的前半生有五十三年在中國，但在臺復校至今也已有六十多年，這所學府對臺灣這塊土地的貢獻還不夠嗎？今天臺灣的各項建設與發展成果，是不分省籍的人們努力而成，現在臺灣家喻戶曉、不分黨派都一致嘉許其創辦臺積電打下「護國神山」半導體霸業的企業家，正是 1931 年生於中國浙江的張忠謀。

臺灣這塊被大航海時代的葡萄牙人稱作「福爾摩沙」（Formosa）的美麗之島，自荷西時期有歷史文字紀錄以來，社會組成長期以移民來臺之漢人爲最大宗至今，這也造成原住民在處境上遭受排擠。**某些本省人在一些偏激政客的操控與煽動下敵視外省人是「外來者」，但諷刺的是，本省人絕大部分也是漢人，當年他們的祖先從唐山（泛指中國）渡海來臺時，在原住民眼中不也是所謂的「外來者」嗎？**臺灣的省籍對立其實在清領時期就有，閩（原鄉福建省的移民）、粵（原鄉廣東省的移民）械鬥頻繁即是一例。**每當翻閱第二次世界大戰時期的歐洲歷史與納粹暴行，都讓我深覺恣意操弄族群議題是危險的，因爲希特勒（Adolf Hitler）正是極力將猶太人貼上「外來者」的異類標籤，煽動德國境內的排外、偏激民族主義，導致了一系列泯滅人性的種族滅絕屠殺——某些激進人士用「外省豬」**仇恨言論形容外省人，這真讓我聯想到納粹曾逼迫猶太人掛著「猶太人是豬」字牌

的劣行（後記：**2023 年 4、5 月間，臺大、中一中接連發生多起學生種族歧視原民事件，臺大學生會更爲自身疏失公開致歉，https://reurl.cc/QXpO5b**）。

　　我已經聽過校內幾位校方人員無論高層還是基層私下說過，幾年前臺灣的交大與對岸的上述四間交大常有往來，彼此也都只是單純校史與學術上的交流而無涉政治、統戰，但**近期校方在「國內對於兩岸議題的政治氣氛」之大環境下都已幾乎斷絕跟對岸交大往來，這其實不啻於已經構成一種自我審查**。而在本土意識強烈的年輕世代中，也發生奇特又弔詭的現象——有些交大學生一方面強烈主張陽明交大的合校新校徽要有原交大校徽「1896」的創校年分並自豪交大是百年老校，但是一方面對於交大在大陸時期（1896 年至 1949 年）的歷史一無所知，或者因其「中國成分」而刻意選擇忽略、遺忘或避談。

　　連交大學生議會每會期定期出版之《法規彙編》[8]的《附錄——國立交通大學學生自治組織歷史》，也只記錄 1986 年以後「班代諮詢會」開始的歷史，使人誤以爲交大的學生自治發展只有三十多年，完全忽略明明交大在大陸時期之 1919 年五四運動後，早有蓬勃的學生自治發展蹤跡 [9]，是中華民國史上最早期的學生自治組織之一。我發表的《學生自治的法制改革：談交大學聯會於合校初期之修法沿革》之學生自治研討會文章，文中「一、交大學生自治歷史簡述——從上海到新竹」之「（一）大陸時期（1896-1949）」有略談過。**我擔任交大學生議員時有跟議會高層談過此事，但隨即被以**

「**此事涉及中國很敏感**」爲由迴避。唉，歷史不過就是歷史嘛，何必有如此多的意識形態束縛彷彿連談都不能談？不願面對過去的人，又怎能眞正面對未來呢？

此外，**陽明交大國際事務會議，四席學生代表有明訂須保障外籍生與僑生的席次表意權，卻刻意獨漏陸生。**

4.藉政策法令宣導名義對校內教職員生搞「置入性行銷」，創造校內師生對其之好感度

《教育基本法》第 6 條是規定學校不能爲政黨宣傳，但**可沒說學校不能爲政府宣傳**啊！《公務人員行政中立法》第 3 條提到大學裡的公務人員應忠實推行政府政策，這裡就提供了個「巧門」給政治勢力利用掌握國家公器，**將**「**政黨宣傳**」**包裝在**「**政府政策**」**裡頭（形同**「**木馬屠城**」**伎倆，中國用語叫**「**夾帶私貨**」**），再透過校方可以合法地對校內教職員生宣揚其**「**政績**」**以達到**「**隱形助選**」**的效果，而且他人又無法指控校方違反行政中立。**

我們不妨以 2023 年 2 月 14 日一份陽明交大全校信之校園全面禁菸公告爲例，來看看什麼是「置入性行銷」——這份公告的起因是 1 月 12 日立法院三讀通過《菸害防制法》修正案而即將生效施行，當中修正的條文明定大學校園將全面禁菸，致使現行部分大學存在之吸菸區在未來成爲絕響，此時意謂陽明交大之新竹光復、新竹博愛與臺南歸仁校區的吸菸區將移除，故有了此份公告。

致全體教職員生：

世界衛生組織指出，菸草每年使800多萬人失去生命，整體而言，平均不到5秒就有1人因菸害死亡。在臺灣，每年約有2萬5,000名死於吸菸及近3,000名死於二手菸害，平均不到20分鐘就有1人因菸害而失去生命。

為有效控制菸害問題以及保護兒童青少年免於菸害，政府積極推動《菸害防制法》修法，已於112年1月12日完成三讀通過修正案，預計今年3月正式公告施行，修正案中明訂「大專校院全面禁菸」、提升禁菸年齡至20歲、禁止電子煙之類菸品之製造、輸入、販賣、供應、展示、廣告及使用等等規範。

依據教育部指示建請大專院校配合法規，需於二月底前完成吸菸區與器物之撤除成為無菸校園環境。故本校依規定將於2月底前逐步撤除校內吸菸區(交大校區2處、博愛校區1處、台南校區1處)，並同步修正「國立陽明交通大學菸害防制實施要點」，敬請全校教職員工生共同配合推動無菸校園，促進全校教職員工生健康。

▲陽明交大校園全面禁菸之公告

　　注意看框框處之劃線處，各位發現了嗎？其實學校要發布禁菸公告，只要跟大家說是依法行政以配合《菸害防制法》修正案即可，卻特地大力強調政府防制菸害的政績，儼然在灌輸教職員生「執政者好棒棒」之意向呢！

黨校化危機

大學校方與學生自治
面對政治力滲透與介入的挑戰

第二章　（0001）國立臺灣大學
政治勢力結合特定校內師生意圖推翻管中閔校長當選聘任

> 時間：2018 年 1 月至 2019 年 1 月
> 當事公眾人物：臺大校長當選人　管中閔（黨籍：中國國民黨）
> 牽涉政黨：民主進步黨、時代力量

　　2018 年的臺大校長遴選案，從年初到年底，動盪臺大校園、臺灣高教乃至國內政壇足足一整年，執政當局更是因此撤換了三位教育部長，普遍被認為相當程度上影響了 2018 年 11 月 24 日九合一地方大選的選舉走勢。

　　管中閔教授本人在卸任臺大校長後不久，與作家楊渡合編《大學的脊梁：臺大校長遴選事件與管中閔心情記事》10（以下簡稱《大學的脊梁》）一書於 2023 年 3 月出版，以闡述當年事件的來龍去脈與個人觀點，是想了解該案極重要的參考「史料」。該書厚厚的一本超過二十萬字共五百多頁，我在閱讀時為求周延而非全然輕易盡信，儘管書中的註釋及參考資料已超過百項，我仍不時遍查許多當年新聞、文獻資料以多方查證。

　　這當中發生太多大事，以下我彙整各方資料來列出幾個重要日期分階段來讓讀者快速了解臺大校長遴選案大事記：

◎第一階段：當選之初與風波之始

2018 年

- 1 月 5 日：晚間管中閔被臺大校長遴選委員會召集人陳維昭通知獲選臺大校長，宣示自此不參加任何政黨、黨派活動[11]。
- 1 月 6 日：臺大代理校長郭大維受訪時針對管中閔的當選表示：「不管當選人是誰，都是臺大的福氣，管中閔非常優秀，相信會帶領臺大有更好的發展。」
- 1 月 7 日：**校長遴選委員兼教育部次長姚立德（曾任國立臺北科技大學校長）出席遴委會召集人陳維昭舉辦之選後慶功宴，慶祝遴選圓滿成功**；管中閔召開當選後第一次記者會；**風波之始：有媒體開始質疑有遴選委員存在利益迴避問題，開啟之後一系列從政府高層到部分師生意圖推翻管中閔校長當選聘任之連串風波。**

◎第二階段之校外篇：府院黨、媒體與網路的全面開戰

- 1 月 8 日：有立委痛批臺大淪為財團控制的學校，政論節目抨擊陳維昭不該請企業老闆擔任遴選委員，然事實是陳維昭無權決定誰是校長遴委。
- 1 月 10 日：臺大將校長遴選結果報請教育部聘任。
- 1 月 24 日：**立法院兩黨團總召柯建銘（黨籍：民主進步黨）、徐永明（黨籍：時代力量，後因涉貪退黨並遭判刑）藉協商 107 年度教育部預算案之際以黨團名義提出主**

決議，要求教育部對臺大校長遴委會「釐清疑義，否則不得進行後續聘任作業」[12]，而後民進黨團於 1 月 26 日撤回主決議，時代力量黨團於 1 月 29 日撤回主決議。

- 1 月 25 日：立委張廖萬堅（黨籍：民主進步黨）爆料聲稱管中閔的論文涉嫌抄襲國立暨南國際大學張姓碩士的學位論文，隔日臺大研究誠信辦公室認定不成案；《大學的脊梁》提及同日民進黨黨團總召柯建銘放話要管中閔「自行婉拒聘任」，否則「不死也半條命」。

- 1 月 30 日：教育部長潘文忠（無黨籍）對於管中閔的校長聘任表示「應先釐清疑義再聘任」。

◎第二階段之校內篇：臺大學生自治團體的全面動員

- 1 月 31 日：臺大校長遴委會再次開議，所有與會委員（包含教育部代表——教育部次長姚立德、學生代表——第 30 屆學生會長林彥廷）簽字確認管中閔當選資格並無疑義[13]。

- 2 月 1 日：管中閔未能如期就任臺大校長，該職由郭大維繼續代理。

- 2 月 6 日：部分臺大師生召開記者會（出席者包含臺大研究生協會會長王昱鈞），呼籲「召開校務會議，處理遴選違法爭議」，主訴求：教育部不應核定臺大校長遴選結果、召開臨時校務會議以解散校長遴選委員會，臺大研究生協會於 2 月 8 日在其臉書粉專公開響應此呼籲[14]。

●2 月起：**臺大學生自治團體發動多項提案以要求召開臨時校務會議**，包含：成立校長遴選爭議調查小組（法律學院學生會長童昱文等提）、**認定本次校長遴選無效（法律學院學生會長童昱文等提）**、遴委會就遴選疑義提供報告（生農學院學生會長李柏寬等提）、學倫會向校務會議報告管中閔的論文疑義（法律學院學生會長童昱文等提）等，**後於 3 月 24 日臨時校務會議中全遭擱置** [15]。

◎**第三階段：挺管與反管兩勢力開始進入長期對峙**

●3 月下旬：部分媒體開始指控管中閔涉嫌違規前往中國的大學兼職，**臺北地檢署在接獲檢舉後以「重大刑案」規格由檢察長邢泰釗（現任法務部最高檢察署檢察總長）親自督軍偵辦。**

●4 月 14 日：**教育部長潘文忠因本案宣布請辭**，該職暫由次長姚立德代理。

●4 月 19 日：**國立東華大學第 6 任校長吳茂昆（黨籍：民主進步黨）接任教育部長。**

●4 月 27 日：教育部宣布駁回臺大校長遴選結果，隔日臺大、中華民國國立大學校院協會與私立大學校院協進會發聲明強烈反彈，校內部分師生發起**「黃絲帶運動」（著名集會：5 月 4 日「新五四運動」）**，但社會系副教授范雲（2020 年 2 月起擔任民進黨不分區立委）認為教育部此舉是「遲來的程序正義」、臺大研究生協會會長王昱鈞參加

獨派民團臺灣北社召開的記者會表示力挺教育部。

- 5 月 5 日：**臺大學代會校務委員會（連署人：議長周安履等人）發聲明呼籲校方放棄訴訟並立即重啟遴選程序** [16]。

- 5 月 12 日：臺大臨時校務會議決議教育部應依《大學法》處理遴選結果並盡速聘任管中閔。

- 5 月 29 日：**吳茂昆因遭爆涉嫌違規赴中兼職、圖利及侵害國立東華大學專利權（其後遭監察院通過彈劾，並移送公務員懲戒委員會審理後被判記過一次）而請辭教長獲准，成為我國任期最短的教育部長**，該職暫由次長姚立德代理。

- 6 月 4 日：臺大對教育部決議向行政院提出訴願，隔日管中閔跟進提出訴願。

◎第四階段：中後期的情勢僵局

- 6 月 6 日：蔡英文總統密邀遴委會召集人陳維昭，雙方會談沒有交集最終不歡而散。

- 7 月 16 日：**前內政部長葉俊榮（黨籍：民主進步黨）就任教育部長。**

- 7 月 23 日：蔡英文總統首度回應臺大校長遴選案，表示這件事情仍屬於教育部權責，葉俊榮是擅長溝通的教育部長，希望葉部長能與各方溝通。

- 8 月 2 日：**臺大遴委會再次聲明請教育部盡速聘任管中閔為校長，但新任第 31 屆學生會長吳奕柔（現為民進黨不**

分區立委洪申翰辦公室助理）反對聘管並籲重啟校長遴選。

● 8 月 3 日：臺大學代會於臉書粉專刊登部分學代（連署人：文學院學代涂峻清等人，涂峻清後來擔任第 32 屆臺大學生會長，曾於 2020 年 6 月初國民黨籍高雄市長韓國瑜罷免投票前夕，與臺師大學生會長陳亮均在臺大門口發放支持罷韓的黃絲帶）聲明呼籲遴選委員會盡速重啟遴選 [17]。

● 10 月 5 日：監察院首次約談管中閔，但管以眼疾為由請假不出席。

◎第五階段：管中閔就任臺大校長與餘波終局

● 12 月 24 日：葉俊榮宣布「勉予同意」聘任管中閔為臺大校長，隔日請辭教育部長獲行政院長賴清德（現為副總統、民進黨黨主席，確定代表民進黨角逐 2024 年 1 月 13 日總統大選）「勉予同意」，教長一職暫由次長姚立德代理。

● 12 月 25 日：臺大學代會校務委員會於臉書粉專發表緊急聲明，呼籲行政院撤銷教育部的聘管決議 [18]。

● 12 月 31 日：李遠哲等數名中研院院士拜訪蔡總統，《大學的脊梁》提及後經在場人員透漏一位廖姓人士表示「管中閔的上任校長對於（臺獨）建國事業是一大打擊」[19]。

2019 年

- 1 月 5 日：賀德芬等臺大獨派教授在傅鐘前呼籲蔡總統應立即撤銷管中閔的任命，**賀教授在臉書痛批管過往的統獨政治立場並表示「讓管中閔上任形同附和習近平」**[20]。
- 1 月 8 日：**管中閔就任臺大第 12 任校長**，臺大校長遴選案在型式上大致告一段落。
- 1 月 14 日：**潘文忠再獲任命爲教育部長。**
- 1 月 15 日：監察院以涉嫌違規兼職寫稿爲由通過彈劾管中閔。
- 9 月 2 日：司法院公務員懲戒委員會依據監察院針對管中閔涉嫌違規兼職寫稿之彈劾案文審理結果出爐，判決管記申誡一次。

2020 年

- 10 月 26 日：**臺北地檢署之公文認定管中閔遭控隱瞞臺灣大哥大獨董身分、涉嫌違法赴中兼職等九案，認定管均依規辦理，各案「經查均與事實不符，無犯罪嫌疑」，因查無不法而全數予以簽結，臺大校長遴選案之衍生風波至此全盤落幕。**

　　而當中涉及的政府機關，在中華民國的五權憲法底下就有四權分別爲行政、立法、司法、監察的涉入，就行政機關方面除了總統府外，行政院旗下一級機關共有教育部、法務部、內政部、科技部、科技部、國發會、經濟部、財政部、

陸委會等諸多部會參與，這樣的政府「排場」可說十分豪華，甚至一度讓管中閔萌生退意想對當局投降。

《大學的脊梁》也提到，**管中閔的每一個出入境紀錄、每一筆報稅資料、每一場學術演講都被調查，甚至這些理應依法被保護的個資竟遭外洩給媒體而成為政論節目話題**，過程中更發生教育部頻頻剪報僅以「據報載」為由多次重複發函求臺大回覆、校長遴選委員紛紛被檢察官傳喚約談等情事。

1　就區區一個臺大校長而已嘛

看完《大學的脊梁》一書，我深深地覺得：**就區區一個臺大校長而已嘛，有必要動用這麼多政府機關與政治勢力去對付一位學者嗎？**管中閔過往擔任馬政府政務官之言行或施政爭議當然可以被探討與公評，惟個人感到遺憾甚至對管前校長有歉意的是，當年因受特定勢力帶風向的影響認知，以致於對於臺大校長遴選部分事件有失客觀評價。

比如說，就算要調查管中閔是否違規赴中兼職，原則上查其特定期間兩岸出入境紀錄即可，為何他所有的出入境紀錄都要被不分青紅皂白地徹查呢？如此的比例原則何在？從整個校長遴選案過程，一開始遴選委員兼教育部次長姚立德（在遴選事件中三度代理教育部長）開心出席遴選會慶功宴，對照後來教育部的全面「翻臉」成為整個遴選事件中最大力「卡管」的政府單位；或者是遴選委員兼學生會對外代

表的會長林彥廷簽字確認管中閔當選資格並無疑義，對照後來臺大學生自治組織尤其在校級層次的臺大學代會與臺大研究生協會這兩個團體的極力反管，甚至據傳有能耐在校務會議中「調度」教師代表來決定會議人數是否不足而變成流會，當中的「大反差」頗令人玩味。

當中民進黨、時代力量之立院黨團曾一度提出主決議要求教育部在對臺大校長遴委會釐清疑義前不得聘管，則是開啟遴選事件中首次動用全黨之力介入該聘任案，如今的民進黨黨團總召柯建銘也因涉嫌對管中閔稱如不自行婉拒聘任的話「不死也半條命」，遭人告發涉犯刑法恐嚇罪 [21]。

就算是在民主國家，依然不乏有人**「賭輸就翻桌」**而意圖推翻合法選舉產生的結果，最經典的案例，莫過於 2021 年 1 月 6 日，時任美國總統唐納・川普（Donald Trump）的支持者因不滿 2020 年美國總統大選結果顯示川普爭取連任失利，以及堅信川普毫無根據之「選舉舞弊」的謬論，憤而衝入並占領國會大廈數小時，一度使得國會確認選舉團的計票結果流程遭到中斷。而我在交大學聯會（陽明交大學生會交通分會，原始全名：國立交通大學學生聯合會），也曾見證一件差點推翻民意得逞的 2021 年（6 月 1 日）學聯會長不予任命案。

知名公法學者、國立成功大學法律學系特聘教授許育典 2014 年著作《**大學法治與高教行政**》[58] 的第二章〈大學法制下大學自治的定位與保障〉，第 16 頁說明**大學自治的定義不只是規章自治，包含人事權限也是大學自治的一環，而「自**

治」的概念表明某一程度獨立於國家；第 20 頁詳述何謂「人事自治」更直言，**人事自治是「最基本」的大學自治事項，這當中也包含校長遴選之人事基本上要由大學自己決定，教育部不能干涉**。其實，許教授在 2011 年主持教育部委辦研究計畫《大專院校學生權利行使及學生申訴制度完備研究》（全文網址：https://reurl.cc/WDnv4x）時，計畫第 5 頁也提及上述「人事自治」特性。

事實上，**根據《大學法》對於大學校長固然有教育部的聘任程序，但卻因其學校屬於公立或私立而有所差別**——該法第 9 條第 1 項提到國立大學校長經校內遴選程序後由教育部「聘任」之，但第 9 條第 3 項關於私立大學部分則經董事會後報請教育部「核准聘任」之，這裡注意看，**公校比起私校對於教育部的聘任程序而言並無「核准」兩字**。

吾人不妨請當年作為「反管先鋒」的臺大學生自治組織設想一個情境：依據《大學及專科學校學生申訴案處理原則》，大專校院學生申訴評議委員會（簡稱申評會）之組成應有學生會代表，而申評會委員由校長遴聘之，假如哪天學生會自身合法選出的申評會學生代表，被校長炮製各種理由並動用校內各種行政單位意圖介入阻撓而拒絕遴聘，甚至要求學生會須重新選舉該會代表，試問學生會是否會覺得校方侵害學生自治呢？

2 扯到統獨與中共：深藍的人不能當校長嗎？

最令人覺得非常「有趣」的是，**在整個遴選事件中竟能上綱統獨與牽扯中共，使得單純的校長遴選升級到「中共同路人」的政治戰**——比如律師詹晉鑒（時任臺北市文山區萬興里里長，黨籍：民主進步黨）在 2018 年 3 月 23 日擔任告發代理人以控告管中閔涉嫌違規赴中兼職時稱「（管中閔當選）位居學術龍頭的臺大校長這個位子，這統戰意義滿濃厚的」[22]，或是在得知教育部決定聘任管中閔後，拜訪蔡總統的廖姓院士力陳管的上任對臺獨政治路線的重大打擊、曾於 1990 年著作《大學之再生》[23]力倡學術自由與校園民主的獨派教授賀德芬對此更痛批為「附和習近平」，但最後這些指控紛紛被北檢以「查無不法」簽結。

這不禁讓人好奇：**這些反管人士極力阻撓管中閔當臺大校長的真正理由，到底是覺得管中閔其為人品德與學術成就真的「德不配位」，還是炮製一些所謂「爭議」為由以掩飾其對管過往的政治立場之不滿？**

好想反問賀教授：管教授擔任校長的這四年以來，臺大在 2020 年的《QS 世界大學排名》（QS World University Rankings）和《泰晤士高等教育特刊》（Times Higher Education，簡稱 THE）世界大學排名分別取得第 66 名和第 97 名而首度進入「雙百大」的佳績，他做過的哪一件事情是配合對岸的中共領導人習近平？我看是完全沒有。

延伸而論，就算管中閔個人政治光譜真的是深藍，那為

何深藍的人不能當臺大校長？**深綠可以當校長，深藍也可以當校長，只要他們任職期間嚴守行政中立，不將個人政治觀點加諸於校務行政與學術研究上**，畢竟憲法不是保障人民有各種政治權利的自由嗎？如果民進黨籍的吳茂昆、葉俊榮能當教育部長，那為何國民黨籍的管中閔不能當臺大校長？提出了這麼多反問，只想說明一件事：**意識形態，不該是阻撓一位學者擔任校長的理由。**

　　2021 年 10 月 23 日，管中閔宣布不續任臺大校長一職並表示「希望臺大可以世代交替」，而在隨後的 10 月 27 日，在教育及文化委員會的立委萬美玲（黨籍：中國國民黨）的質詢時，管中閔在答詢時（教育部長潘文忠就在旁邊）坦承說他原本有規劃續任臺大校長之想法，但因為「中間跑掉一年」（即校長遴選事件），到時自己「年紀會超過 70 歲，但本來不會」。那為什麼 70 歲這個年紀這麼重要呢？因為依據《公立學校教職員退休資遣撫卹條例》，公立大學校長就算續任成功至多也只能做到 70 歲，因此**管中閔如要續任的話則會在下一任期內碰上法定退休年齡而導致其無法做滿 4 年，管校長的說法形同間接坦承自身因卡管案而決定不續任。**順帶一提，依據《教育部辦理國立大學校長續任評鑑作業要點》第二點：「各國立大學校院校長任期屆滿一年前，對符合該校組織規程規定得續任者，經徵詢其續任意願後，函請其任職之學校於一個月內向本部提出校務說明書，供本部辦理校長續任評鑑。」而教育部會將評鑑結果提供給校務會議參考。

黨校化
危機

大學校方與學生自治
面對政治力滲透與介入的挑戰

3　餘波：談 2022 年校長遴選中落馬的候選人郭大維

　　在管中閔宣布不續任臺大校長一職後，隨之而來的是臺大第 13 任校長遴選，最終的兩人決選之第二輪投票中，由工學院院長陳文章擊敗資工系特聘教授郭大維而當選校長，**事後有分析指出在 2018 年臺大校長遴選風波中擔任代理校長的郭大維敗在「被染上政黨顏色」**[24]。

　　2022 年 9 月 14 日，在臺大學生會、研究生協會聯手舉辦的六位校長候選人座談會上，出現了個很「有趣」的「政治問題」——**現場有學生用臺語提問校長候選人對「如果中國攻打臺灣」的態度** [25]，不說還讓人誤以為這六位學者要角逐的職位其實是中華民國總統。這當然不是說這題不能問，甚至我覺得如果提出天馬行空的問題也能考驗一下校長候選人的臨場反應，只是**這樣要校長候選人競相做政治表態的大哉問，某種程度上也不脅於是種政治思想審查。**

　　選前兩天的 10 月 5 日，校長遴委會的學生代表——**臺大研究生協會會長許冠澤**（其於 2015 年以環島表達反對國民黨馬政府之高中課綱調整案而聲噪一時，後記：**其於 2023 年 5 月投入臺大第 36 屆學生會長選舉，政見中強調支持特定政治色彩之活動，然在一對一選舉中落敗，於會長選舉共十二個實體投票所僅兩處勝出，被部分輿論認為是臺大學生們集體對於「覺青**[63]**長期執政」該校學生自治的反彈，**參見臺大學生會長選舉公報：https://reurl.cc/OvbOvA），發布一封公開信呼籲郭大維應於投票前辭去鴻海公司獨立董事

等職位 [26]，以避免將來臺大校長職務與鴻海公司職務間之衝突與緊張關係；選前一天，臺大香港研究社與香港邊城青年共同具名 [27]，點名郭大維在香港反送中期間於香港城市大學擔任郭位校長資深顧問及工學院院長，卻對城大學生被濫捕、港警向城大校園及宿舍發射催淚瓦斯等事噤聲，對此強烈譴責並要求郭正面回應。

對比之下，一年前的 2021 年 11 月 6 日，清大校長遴選委員會公布下一任校長當選人為生於臺北、在 2015 年起長年在香港大學服務的高為元，2015 年至 2019 年初還當到港大副校長，之後專任港大轉化醫學工程講座教授，還在具半官方港府背景的香港科技園公司擔任轉化研發所所長，這段期間可都正值香港反送中運動。**在清大校長遴選的過程中，沒有人拿高為元的「香港背景」來操作，再對照郭大維於選前所受到的「政治追問」，當中的天壤之別耐人尋味。**

第 13 任臺大校長最終由看不出任何政治色彩也未沾染任何政治紛爭的陳文章出線，由此依然隱約可見臺大四年前的校長聘任風波陰霾很可能或多或少影響了如今遴選委員的意向——我不知道郭大維的「選情」是否有受到上段這兩起聲明而產生多少程度的影響，但我看郭大維在管中閔聘任案前並未有任何傾向特定表態的政治表態，**若真要論郭大維有何「政治色彩」？大概是在遴選事件中擔任代理校長的「反政府」色彩吧** [28]！假如當年郭大維對執政當局「言聽計從」，藉代理校長一職力推解散校長遴委會、重啟遴選並成功，今天的臺大乃至臺灣高教又是何種景象呢？

黨校化危機　大學校方與學生自治
面對政治力滲透與介入的挑戰

政黨傾盡全黨之力對抗學校的林智堅論文學倫審議結果

> 時間：2022 年 7 月至 2023 年 2 月
> 當事公眾人物：2022 年桃園市長參選人、新竹市長　林智堅（黨籍：民主進步黨）
> 牽涉政黨：民主進步黨

　　西諺有云：「歷史總是在重複自己，第一次是悲劇，再一次就變成了鬧劇。」第一大黨對決第一學府的戲碼在管中閔聘任案爆發的四年後又再上演，以下是林智堅臺大論文案大事記：

2022 年

● 7 月 5 日：準備投入桃園市長選舉的**新竹市長林智堅（其於 7 月 8 日辭去市長一職）**遭揭露其臺大國家發展研究所在職專班之碩士學位論文《三人競選之中槓桿者的政治社會基礎及其影響：以 2014 新竹市長選舉為例》（2017 年 1 月出版）[29]，涉嫌抄襲另名所上畢業生余正煌之碩士學位論文《2014 年新竹市長選舉研究：林智堅勝選的政治社會基礎》（2016 年 7 月出版）[30]，兩位學生的指導教授均為**陳明通（事件爆發時為國安局長）**，隔日臺北市議員徐巧

芯（黨籍：中國國民黨）向臺大提出檢舉。

- 7 月 7 日：**臺大國發所學生會發表聲明，呼籲社會各界理性與客觀看待此事** [31]。

- 7 月 28 日：**臺大候任學生會長孫語謙**（其於 8 月 1 日才就任，後來在 2023 年 2 月 28 日臺北市長蔣萬安出席官辦二二八紀念會時在場外拉布條要蔣「下跪道歉」）表示，**學生會就此案與校方討論過，認為政治性質過高，不宜做出偏頗定論，因此保持沉默，尊重學倫會專業** [32]；同日余正煌的委任律師曾威凱（黨籍：時代力量）、張祐齊拿出余正煌與林智堅的學位論文，指出林生有抄襲行為，而余生至今還沒看過林生論文也懶得看。

- 7 月 31 日：陳明通發聲明表示：林智堅、余正煌雙方都無抄襲意圖，是他先修正林生論文，再供余生參考。

- 8 月 9 日：**臺大召開記者會，認定林智堅的碩士論文有抄襲情事，宣告撤銷林智堅的碩士學位，並表示曾三度邀請林智堅赴學倫會說明但他都未到場**；同日民進黨發聲明表態力挺林智堅繼續捍衛清白，同時質疑臺大學倫會召集人蘇宏達未迴避、趕著結案，背後有無政治意圖，**林智堅表示「怎可能隨時配合臺大學倫會時間」並痛批「是非可以這樣顛倒嗎」** [33]。

- 8 月 10 日：**總統兼民進黨主席的蔡英文出席中執會時對全黨下達「挺堅令」**，但林智堅仍於 8 月 12 日宣布退選桃園市長；同日**臺大學生會與研究生協會強調此案已淪為選舉攻防工具，學生自治組織無意替任何政黨背書**，另於 8

13 日發布共同聲明³⁴。

●9 月 5 日：林智堅對臺大學倫會決議向教育部提出訴願。

2023 年

●1 月 11 日：陳明通強調林智堅論文案很確定是「冤案」。

●2 月 14 日：**林智堅於臉書粉專向社會致歉，承認自身論文有「瑕疵」並向教育部撤回對臺大學倫會的訴願**[35]，林智堅的臺大學術醜聞風波就此落幕（但其與余正煌之被余控違反著作權法的公司仍持續進行）。不過，之後他的**指導教授陳明通卻稱：林智堅並無抄襲余正煌的論文，余的論文「是本人客製化臺大國發所論文寫作公版」**。

　　簡介完林智堅臺大論文案的始末，有兩件事想讓大家評評理：首先，**你覺得學倫審查應該是被檢舉人林智堅要配合學倫會的開會時間到場？還是學倫會必須要配合林智堅本人的時間才能開會比較合理呢？**

　　第二，2023 年 1 月 30 日，林智堅委任律師蕭雄淋在個人部落格認為「**余正煌比（調查局新竹市調查站基層調查官）較像是大鯨魚、林智堅（獲得總統與整個執政黨力挺）比較像是小蝦米**」[36]，**你覺得蕭律師的說法合理嗎？**

1 另談林智堅的中華大學碩士論文案

學校優勢　　　關於華大

首頁 / 校友_傑出校友

林智堅

108學年度傑出校友
企業管理學系(二技) 畢業

林智堅曾獲 108 學年度中華大學傑出校友，至今仍高掛該校官網（如左圖）。事實上，與臺大論文案同一時期延燒的，還有林智堅的中華大學論文案：其於中華大學之科技管理研究所在職專班碩士學位論文《以 TCSI 模式評估國內某科學園區之週邊居民滿意度》**(2008 年 7 月出版，指導教授：賀力行)**，2022 年 7 月 5 日遭臺北市議員王鴻薇（黨籍：中國國民黨，後於隔年 1 月 16 日當選立委而辭去議員一職）指控該篇論文**涉嫌抄襲一份新竹科學園區委託中華大學之《以 TCSI 模式評估新竹科學工業園區之週邊居民滿意度》報告**，林智堅當下堅決否認並控告王鴻薇加重誹謗（後來王鴻薇當然是被不起訴，因為她說的原則上是事實），7 月 7 日，**蔡英文總統針對論文案首度在林智堅臉書留言為他打氣說：「辛苦了！為了選舉任意抹黑，不是成熟民主應該有的亂象。」**。7 月 21 日，新竹市議員兼民進黨發言人李妍慧辭去中華大學董事長兼董事一職。

蔡英文 Tsai Ing-wen ✓
智堅辛苦了！任何監督都應該基於事實，為了選舉任意抹黑，不是成熟民主應該有的亂象。相信智堅一定可以用最好的政策願景和亮眼的施政經驗爭取到更多的支持，讓市民有高品質的生活和可以期待的未來。

讚　回覆　　　　　　　　　　👍😢😆

你選擇了「最相關」，因此系統可能已過濾掉部分回覆。

✏️ 作者
林智堅 ✓
謝謝總統的支持和鼓勵，我一直堅信民主政治應該要用政績和政見獲取人民的支持。

相信台灣人民的智慧，惡意的抹黑不會得逞。我們一起為台灣努力！

讚　回覆　　　　　　　　　　👍😢😆

▲2022 年 7 月初蔡總統留言挺林智堅（取自林智堅粉專）³

　　8 月 10 日，**林智堅**出席中華大學學倫會，審查委員詢問關於論文的相關問題，但林智堅表示「**因為距今已過了 13 年了，我真的沒有辦法記得**」。後來林智堅提到審查的過程中他有些訝異，現場有一位老師不願交換名片，看起來沒有想讓他知道身分。8 月 24 日，**中華大學發聲明稿表示學倫會認定林智堅碩士論文抄襲而撤銷其碩士學位**。教育部於 9 月 23 日收到林智堅對中華大學學倫會之訴願書，2023 年 1 月 19 日作成「**臺教法（三）字第 1110094222 號」訴願決定書** ³⁷，主文：**訴願駁回**。2023 年 2 月初，**國科會竹科管理局證實已**

針對林智堅之侵權行爲分別提出民刑事告訴。

我看了這份決定書，不得不感慨其內容寫得非常「露骨」，直言訴願人林智堅「不僅無法明確回答作爲系爭論文基本研究方法第 3 章第 2 節之數學模式或方程式之來源、其內容意義、源自於何人之研究成果或文獻，甚至在有關○○研究計畫執行重心之問卷調查分析之電腦軟體名稱及使用方式等一般研究基礎能力及理解上，顯有相當不足之處」，**最終得出結論「實難能令人相信訴願人確有此研究能力」**。而且，訴願決定書還表示「**訴願人於調查過程中並未展現誠信配合本案調查**」。當然，**抄襲本身就是一種對於違反學術誠信的行爲——其實，林智堅在選戰中的「落跑」背信爭議，就是他先前曾一再宣稱自己會把八年新竹市長任期「做好做滿」而不去參選其他地方首長。**

上段的論述該怎麼描述比較貼近社會大衆易懂呢？我們不妨把寫論文完成學位比擬成開車拿到駕照，如果今天某甲擁有汽車駕照卻連握方向盤都不會，如同林智堅有碩士學位卻連基礎研究能力都非常不足，這在現實上都是很荒謬的——因爲對於取得駕照（獲碩士學位）而言，握方向盤（基礎研究能力）其實還只是「基本中的基本」而已，駕駛還必須會過彎、倒車入庫等各項技巧與知識（如同論文裡的數據分析、文獻回顧等）熟練後，才有資格去考汽車駕照（論文口試）。到這裡有人就會問：那到底這樣的某甲是怎麼拿到駕照的？我想恐怕只有找人代考（論文代寫或抄襲）一途了。

黨校化危機

大學校方與學生自治
面對政治力滲透與介入的挑戰

2　比較（一）：臺大學生自治組織對管中閔 vs 林智堅的學倫事件之態度

公眾人物	管中閔	林智堅
黨籍	中國國民黨	民主進步黨
學倫事件原由	2018/1/25 遭指控其論文涉嫌抄襲國立暨南國際大學張姓碩士的學位論文。	2022/7/5 遭指控其臺大國發所之碩士學位論文涉嫌抄襲另名所上畢業生之碩士論文。
學校審查結果	2018/1/26 認定管中閔的論文並非已完成之正式論文，非屬學倫事件處理要件，故不成案。	2022/8/9 認定林智堅的碩論抄襲余正煌，情節重大，撤銷其碩士學位。
學生自治組織態度	**反管立場鮮明，傾巢而出積極行動：**發動連署要求召開臨時校務會議（2018/3/24）提案學倫會須向校務會議報告管的論文疑義，且屢屢以此為由作為呼籲校方須重啟遴選之理由。	**相當低調且謹慎，原則中立：**選擇尊重學倫會的審議專業，學生會、研究生協會均認為此案政治性質過高而保持沉默，在學倫會公布結果的數日後才發聲明。

　　簡述完林智堅的臺大、中華大學論文案始末後，吾人想來幾個比較，大家再看看「**沒有比較就沒有傷害**」這話是否

能在此應驗。

　　從上表可知，**在管中閔論文案中，即便校方已認定其不成案，但學生自治組織依然對此「緊咬不放」並作爲「卡管」理由；但是在林智堅論文案中，學生自治組織在學倫會的審查期間則是相當尊重該會職權而沉默。**

　　非常「有趣」的是，臺大學生會以林智堅論文案之「政治性太高」而一度緘默，讓人忍不住好奇**向來對政治相當熱衷且在學生自治圈往往衝第一線的臺大學生會成員，這次到底爲何如此「反常」以致於迥異與他們平時的「政治熱情」？大家覺得臺大學生會對二人之態度是否存在雙重標準呢？**不過綜觀其近年來政治表態或行動，諸如高調參加 2014 年太陽花學運、2018 年極力反對聘任管中閔爲臺大校長、2019 年有社科院學代發動拒看中天新聞……等偏特定黨派色彩活動，臺大學生會可是從未因其「很政治」而退卻呢！

　　2022 年 11 月中，臺大學生會長孫語謙在臉書論壇「NTU 台大學生交流版」公告學生會因「人手不夠」而停辦針對當月 26 日選舉的返鄉專車，只是底下同學們的回覆不是一句「辛苦了」，而是「黨今年沒編人力經費嗎」等嘲諷。大家不妨思索一下：**爲什麼全臺明明有那麼多間大專校院學生會在去年 1126 選舉沒有辦理返鄉專車也都未被校內同學以政治理由嘲諷或批判之，卻唯獨臺大學生會遭到此番待遇呢？**（後記：2023 年 5 月，網路盛傳有看不下去的臺大學生在校內高掛「台大不需要覺青學生會」布條，https://reurl.cc/qk9lLg）

黨校化危機　大學校方與學生自治
面對政治力滲透與介入的挑戰

3 比較（二）：第一大黨 vs 第一學府的兩次對決

對決事件	2018 臺大校長遴選結果	2022 林智堅論文學倫審查
事件主角	臺大校長當選人管中閔	桃園市長參選人林智堅
對決源頭	2018/1/5 臺大校長遴委會宣布管中閔當選校長	2022/7/5 林智堅遭揭其臺大國發所碩士論文涉嫌抄襲
對決時間	2018/1-2019/1	2022/7-2023/2
對決結果	**臺大獲勝，民進黨大敗：** 1.教育部最終聘任管中閔為校長，中央執政團隊更因此折損三位教育部長 2.民進黨因此事而重傷選情導致其於 2018/11/24 地方選舉慘敗，黨主席蔡英文請辭	**臺大獲勝，民進黨大敗：** 1.林智堅最終撤回對臺大學倫會撤銷其學位之訴願，承認自身論文有「瑕疵」並向社會致歉 2.民進黨因此事而重傷選情導致其於 2022/11/26 地方選舉慘敗，黨主席蔡英文請辭

　　比對發現，剛好兩次對決的同年都恰逢九合一地方選舉，而勝敗結果也都大致一樣。

4　比較（三）：民進黨前後任黨主席之蔡英文 vs 賴清德對林智堅論文抄襲案之態度

主席	蔡英文	賴清德
公職身分	現任總統	現任副總統
當時任期	2020/5/20-2022/11/30	2023/1/18-迄今
發言背景	2022/8/9 林智堅之臺大學位遭校方撤銷	2023/2/14 林智堅宣布撤回訴願並自承論文瑕疵
說法態度	2022/8/10 出席中執會時稱「我們也看到：有許多人、包括許多黨內的同志，**只要是完整看過兩本論文，而且完整了解事情來龍去脈的人，都願意選擇相信林智堅沒有抄襲（余正煌）**」並下令全體黨公職團結一致，相信自己的同志，「**我們願意相信智堅沒有抄襲，支持他繼續努力**」。	2023/2/15 出席中執會後稱「林智堅還年輕，未來要走的路還很遠，不該陷在這裡，**他應該接受臺大跟中華大學學倫會的結論（論文抄襲而撤銷學位）**，他也接受了，且也已公開跟社會大眾道歉」，另認為「**林智堅應該感謝臺大、中華大學學倫會，代表老師給他一個更高的標準，讓他據以檢討改進，繼續走未來的道路**」。

　　比對發現，**相比於蔡英文對黨內同志的一股腦力挺（這恐怕是林智堅被稱為「小英男孩」的原因），賴清德選擇接受臺大學倫會之結論而不辯駁**，當然原因也不外乎民進黨才

剛在地方選舉因「論文門」而遭受民意狠狠教訓。

同一時間在**民進黨官網的「闢謠專區」**[38]**悄悄下架了關於當初護航林智堅的文章**，包含「國民黨不實指控林智堅市長爲了選舉，抹黑、潑髒水」（2022 年 7 月 8 日）、「林智堅市長早已澄清論文疑問國民黨不要爲了選舉亂潑髒水」（2022 年 7 月 8 日）、「林智堅中華大學碩論享有著作權且口試早於著作權轉移 沒有抄襲、沒有侵權疑慮」（2022 年 7 月 22 日）、「最新事證公布！！林智堅論文爲原創！」（2022 年 7 月 24 日）等等。

5 政壇「論文門」連環爆的省思

2022 下半年以來，在地方選戰熱烈開打之際，政壇不分藍、綠、白都爆發政治人物之學位論文因涉抄襲而遭撤銷學位之事。**政壇的「論文門」連環爆除了激起社會大衆對於學術倫理的關注興趣，更充分顯示大學的行政中立與學術獨立是有多麼的重要，當然也讓人看到政治介入學術的情況超乎想像的嚴重**，而政學勾結、學官兩棲乃至御用學者之亂象亦被檢討。（後記：2023 年 5 月 28 日，我出席臺大政治系系學會在該校校內主辦之「校園總統馬拉松」活動，向賴清德總統候選人提問關於臺大的管中閔聘任案與林智堅論文案爭議，關於林案部分「民進黨是否虧欠台大？」，賴清德表示民進黨推動大學自治，無論是在野或執政都不會改變，相關新聞連結：https://reurl.cc/AA83Rp。）

第三章 （0004）國立臺灣師範大學
校方涉嫌協助政黨總統初選參選人王金平在校
內造勢動員

時間：2019 年 3 月
當事公眾人物：2020 年總統之政黨初選參選人、不分區立
法委員 王金平（黨籍：中國國民黨）

▲2019 年 3 月 7 日臺師大學生會質疑校方違反行政中立（圖
取自臺師大學生會臉書粉專，該圖之年分 2018 應為誤植）

黨校化危機 大學校方與學生自治
面對政治力滲透與介入的挑戰

2019 年 3 月 7 日，臺師大學生會臉書粉專踢爆，表示當天除了立委王金平（其自 1999 年 2 月至 2016 年 1 月間長期擔任立法院長，是 1990 年代國會全面改選後迄今任期最長的國會議長）宣布參選黨內 2020 年總統初選之選舉造勢在師大校內舉行，更發現當場臺師大教職員生雲集，現場更有動員親善大使、體操隊等替其造勢之情形，**質疑校方違反行政中立根本「黨校復僻」**；後陸續又被立委黃國昌（黨籍：時代力量）踢爆出席者獲公假、有百貨禮卷工讀金 500 元等[39]，整個過程涉嫌違反《教育基本法》、《公務人員行政中立法》引發爭議。

3 月 11 日，立法院有立委批評此事，教育部也表態此舉不妥，王金平也為此致歉，臺師大則發布聲明[40]，表示與學生會溝通後達成 3 項共識：

(1) 第一，聲明**公務人員行政中立是基本的要求**，本校亦常提醒同仁應遵守，對此事件虛心檢討，重申須落實行政中立要求，避免爾後再犯。

(2) 第二：臺師大也將釐清相關人員責任歸屬，追究違法、失職者。

(3) 第三：**臺師大日後對學生團體受校外團體邀請，應迴避爭議性場合。**

公假證明書

本中心於 108年3月7日08：00~12：00假台北
國際會議中心協助辦理王金平學長參選2020總
統發表會。協助辦理活動學生如附件，擬請於
此期間核准公假。

特開立此證明書

秘書室 公共事務中心

108年3月4日

▲立委黃國昌爆料師大校方涉嫌協助動員學生參與王金平選
舉造勢活動 [39]

黨校化
危機

大學校方與學生自治
面對政治力滲透與介入的挑戰

第四章　（0007）國立陽明交通大學
校方發全校信祝福美國政黨紐約市長初選參選人楊安澤涉嫌對他國內政指手畫腳

> 時間：2021 年 2 月
> 當事公眾人物：2021 年紐約市長之政黨初選參選人、曾任 2020 年美國總統之政黨初選參選人　楊安澤（Andrew M. Yang，黨籍：美國民主黨（Democratic Party），後退黨而自創美國前進黨（Forward Party））

2021 年 2 月 3 日，我以學生代表的身分參加陽明交大合校後第三天的校史上首次校務會議，該次會議為臨時性，重頭戲為通過全校的根本大法《國立陽明交通大學組織規程》，由於那是合校歷史性的一刻，我還刻意推遲了原本當天早上開始的實驗室同儕之屏東東港、小琉球三天兩夜遊。

當天下午 5 點多，正當我從新竹趕赴屏東的途中，收到校方發出一封標題為〈**校長致全校師生的一封信—來自遙遠的祝福**〉全校信（**林奇宏校長愛發全校信搞「大內宣」的治校風格後來屢屢被學生所戲謔**），裡頭刻意祝福即將角逐 2021 年紐約市長之美國民主黨初選的參選人楊安澤，其在從政前為臺裔美籍企業家，曾參與 2020 年美國總統之政黨初選而名噪一時，發信的緣由不過就是楊安澤是合校前的交

大臺南校區（今歸仁校區）光電學院榮譽退休教授楊界雄之子而已。

校長致全校師生的一封信-來自遙遠的祝福

楊書處 <nycupr@nycu.edu.tw>
總統教 ~

2021年2月3日 下午5:07

各伯隨明大大人：

在國立陽明交通大學正式合校之初，我們收到一封遙遠的祝福，令我備感溫馨，特別想與大家分享。這份祝福來自於本校光電學院榮譽退休教授楊界雄之子楊安澤先生。楊安澤先生2020年角逐民主黨總統初選，今年他也將以民主黨員身分參加今年紐約市長選舉。與各位分享這份祝福：

Proposed Remarks for Andrew M. Yang

Congratulations on the historical merger of two of Taiwan's top-tier universities: National Yang-Ming University and National Chiao Tung University. This merger combines the top leaders of biomedical research and electronic communications and highlights the leadership role of Taiwan in health care and artificial intelligence.

As the world is still combating the Covid-19 pandemic, people in Taiwan have been enjoying more normal lives than most of the world. Yang Ming is one of the underlying reasons. At the same time, Chiao Tung has contributed to making Taiwan the world leader in electronic communications with its outstanding achievements in the development and production of microchips.

The synergy resulted from this merger will produce innovative leaders not only for the near future but for the years to come. With 1,400 teachers and 17,000 students, the merged National Yang Ming Chiao Tung University will help build a new generation of researchers developing Taiwan's communications technology and the emerging smart medical industry. We eagerly anticipate leaps and bounds in areas of artificial intelligence, telemedicine, medical robots, wearable medical devices, and blockchain applications in health care. This will create a world-class base for achieving healthy lives, ensuring Taiwan's reputation as the new global model for smart medical care.

Other than my well-known interest in technology innovations, I have another, more personal, reason for speaking today. My Dad, Yang Kei-Hsiung, formerly served as a Chair in the Institute of Photonic Systems at National Chiao Tung University. I know he endorses and is proud of this merger.

Congratulations again on the merger of National Yang Ming Chiao Tung University. I look forward to seeing this university growing to be the leading global hub in education and research for smart and healthy lives.

I wish you all a Happy Lunar New Year!

Andrew Yang（楊安澤）

▲ 陽明交大校方發全校信祝福楊安澤參與紐約市長選戰引發涉嫌意圖干預他國內政之嫌

如果今天身為政黨初選參選人的楊安澤是國內政治人物，校方這樣發全校信顯然有行政不中立的爭議；而楊安澤是國外政治人物，校方的做法更是要不得！因為**這樣以國立大學的身分對他國內政指手畫腳顯給人意圖干預之嫌而很不妥當**，何況美國還是我國最重要的盟邦。

黨校化危機　大學校方與學生自治
面對政治力滲透與介入的挑戰

校長林奇宏涉嫌與黑金爭議苗栗縣長擬參選人鍾東錦談其競選教育政見

時間：2022 年 7 月

當事公眾人物：2022 年苗栗縣長擬參選人、苗栗縣議會議長　鍾東錦（黨籍：中國國民黨，之後脫黨參選並當選縣長，惟其競選幹部因涉賄選而遭苗栗檢方提出當選無效之訴而現正審理中）

2022 年地方選舉除了論文抄襲外，黑金氾濫、側翼網軍也是大家關注的選戰議題。我曾以〈**陽明交大——頂大校長與黑金政治的距離**〉一文投書媒體 [41] 批判之，**畢竟我實在很難想像一個頂尖大學校長會跟黑金政治人物扯上關係**，這篇投書大部分內容其實就是整件事情與個人分析，論述節錄如下：

「事實上，現任苗栗縣議會議長的鍾東錦本人在選前即**爭議纏身，不說其本人自承之過去犯下的殺人未遂、妨害家庭之刑案**（https://reurl.cc/Z1z5ml），**更遭爆料與砂石場、賭場牽扯不清的關係**，『黑金』成為選戰中藍綠難得有共識砲轟鍾東錦的爭議。

　　臺灣政壇最為人詬病的就是『黑金政治』，黑金政治又以 1990 年代最為氾濫與猖獗，1997 年由劉德華、梁家輝主演的港片《黑金》將其描繪得頗為傳神，最經典的莫過於國

內第一位因重大刑案（殺人）而遭槍決伏法的地方議長——屏東縣議會議長鄭太吉，其『過高屏溪殺人無罪』的目無法紀至今想起來都令人譁然。可悲的是，時至今日，根據網媒《風傳媒》的調查（https://reurl.cc/jROZDL），全臺參選議長的議員過去的黑歷史，共有 19 位竟達 54%過半曾經被告或涉案，其中以涉賄選案以及貪污罪爲多，另也有殺人、恐嚇、幫派等不法情事。

照理來說，教育學術理當跟黑金政治無緣，也有《教育基本法》、《公務人員行政中立法》來避免校園受政治不當入侵，可是我們卻遺憾地看到**在五個月前的逼近選舉時刻，陽明交大的林奇宏校長卻與鍾姓苗栗縣長（擬）參選人大談相關的教育政見（https://reurl.cc/6LeOzk），事後鍾東錦還大方將合照放上臉書粉專，林校長也毫無顧忌相關之社會觀感。**

作爲該校研究生，筆者相信全國各間國立大學校長除了**本校的林大校長外都懂得在逼近或正值選舉期間『避嫌』，退萬步言至少不要被公開地批露與公職（擬）參選人或候選人見面討論其競選政見惹議，**比如臺大現任校長管中閔更是在當年一當選校長未就任之際，即宣布『自即日起不參加任何政黨、黨派活動』（https://reurl.cc/DX82n5）。**陽明交大貴爲頂尖大學，自詡合校是要追上甚至超越臺大，但是林校長貴爲學術要角，卻主動讓自身染上不該染的政治味，令人非常遺憾。**

《大學法》第八條：『大學置校長一人，綜理校務，負校

黨校化危機　大學校方與學生自治
面對政治力滲透與介入的挑戰

61

務發展之責，對外代表大學。』試問林校長與鍾東錦所談的教育政見乃至於政治立場，是否『代表』陽明交大的官方意識型態呢？」

我曾於 2022 年 11 月 17 日的交大校區「校長與學生有約」之會前提問向林校長書面詢問此事，但被校方以提問涉及政治爲由拒絕回答，這實在太「有趣」了——**林大校長可以在逼近選舉期間跟特定有不少刑事前科與黑金政治爭議的鍾姓現任縣議會議長兼縣長擬參選人會面，大談其競選教育政見而絲毫不覺得有任何「政治」敏感或爭議，但面對毫無權勢的同學之「校長有約」提問不過是詢問這樣的與黑金爭議政治人物接觸之適切性卻竟以涉及「政治」爲由拒答，校長當中的雙重標準著實令人啼笑皆非。**

鍾東錦 ✓
7月22日 · 🌐

「問教育，不問立場，也許走往不同方向，但腳下所踩，都是故鄉。」

這些日子為了能更確切的掌握擔任一個地方首長，所應具備的條件，我幾乎是走遍了台灣各地，盡可能的向各界先進請益，來彌補自我學識的不足。因而近日，我拜訪了陽明交大林校長，希望藉他數十年投身教育的經驗，來啟發我對於教育政策更具體的理解與看法，並期望應用在苗栗的相關政策規劃上。

林校長不僅是大方地接納了我，且沒有因為政治上的敏感性，而在言談上有所保留，豁達且超然的學者風骨，在他身上表露無遺。在這短短的幾十分鐘內，我盡可能地汲取他數十年教育經驗的養分，務實且犀利的建言，如夏日午後的一響驚雷，深深觸動了我，我也暗暗銘記在心。

這一趟路沒有白跑，這養分會在苗栗的校園裡發芽，茁壯。下次我要把我整個教育政策團隊帶過來，好好的讓校長上一課，因為這歷經歲月與霜雪，所淬鍊出的重要知識，無價。

一起打贏教育這一仗
苗栗願景，前程似錦
您好，我是鍾東錦。

──────（出處：破題引詩人向陽 - 立場之一節部分節錄）

▲鍾東錦臉書粉專放上與陽明交大校長林奇宏之合照 [41]

黨校化
危機

大學校方與學生自治
面對政治力滲透與介入的挑戰

立院黨團總召致電校長關切對手陣營論文學倫案並下指導棋

時間：2022 年 9 月

當事公衆人物：立法院黨團總召　柯建銘（黨籍：民主進步黨）

　　2022 年地方選舉的劇情支線——「論文門」，固然前新竹市長林智堅的臺大、中華大學論文案爲人所熟知，但其還有一些候選人也中箭落馬，新竹市長候選人林耕仁卽是一例。9 月 5 日，先前一直批評林智堅學倫問題的林耕仁，也被對手陣營政黨指控其十多年前的**交大高階主管管理學程碩士論文《新竹市現況分析及未來發展建議——以治安、交通及觀光爲例》（2011 年 6 月出版，指導教授：楊千）涉嫌抄襲多份新竹市政府的報告，林耕仁則矢口否認有抄襲情事。**而後陽明交大表示，學倫辦公室受理檢舉後，將依校內規定（《國立陽明交通大學學術倫理案件處理要點》第七點 [42]）在 120 日內做出具體結論。

　　9 月 6 日，**立法院民進黨黨團總召柯建銘自曝致電關切陽明交大校長林奇宏，以臺大、中華大學針對林智堅論文案 1 個月左右審定爲由質問陽明交大校方之學倫審查爲何需要 4 個月，並稱「4 個月過後選舉（11 月 26 日）都結束了，可以這樣嗎？」云云 [43]。**

大家還記得嗎？本書先前提到，柯建銘四年前在臺大校長遴選事件中一度要以黨團名義提出主決議「卡管」，更涉嫌放話要管中閔「自行婉拒聘任」，否則「不死也半條命」。更「有趣」的是，**兩個月前林智堅的中華大學論文案剛爆發時，柯建銘還大力相挺這位自己的前助理並呼籲「政治不要介入校園」**[44]。

有時我常好奇：陽明交大自詡合校是為了超越臺大，但**看看林奇宏校長可以接通執政黨立院黨團總召關切對手論文案學倫審查的電話，可以毫無顧忌社大眾會觀感及選舉時機敏感而與黑金政治的候選人見面談政見**，那麼陽明交大的校長遴選如果是遇到像臺大那樣在 2018 年遭政治力介入而動盪一整年的風波，這間學校真的挺著住嗎？我個人是沒有太大的信心把握。順帶一提，**合校前的陽明大學被認為帶有過往威權時期「黨政軍色彩」**（詳見陽明交大博雅書苑網站：https://is.gd/mFmX8c），不過**說起真正的「黨校」，還是前身為國民黨「中央黨務學校」的政大「血統最純正」**。

12 月 28 日，林耕仁論文案之校方回函曝光[45]，校方於 12 月 13 日召開學倫會（此時距離地方選舉已結束逾兩周），認定**林的論文抄襲與未適當引註而撤銷學位，林耕仁稍後也隨即致歉並表示完全尊重審議結果**。

黨校化
危機

大學校方與學生自治
面對政治力滲透與介入的挑戰

新竹市議員候選人競選宣傳車開進校園

> 時間：2022 年 11 月
> 當事公衆人物：2022 年新竹市議員候選人、國立清華大學通識教育中心兼任助理教授　何志勇（黨籍：中國國民黨）

　　從小學到大學，正因為校園中立之法規保障，我從沒看過校內有出現選舉造勢宣傳活動或物品來干擾教育——直到 2022 年 11 月 2 日的早上，我要去光復校區實驗室的途中發現學生活動中心正門旁出現新竹市議員候選人何志勇的競選宣傳自行車，當下立即拍照存證並向軍訓室反映，將校安人員帶到現場後他肯定我的機警反應而後通報駐警隊處理，並表示好多年都沒發生這種政治入侵校園之事了。

　　我聯繫上何志勇的競選辦公室並請校安人員與其通話，駐警隊將其競選內容遮蔽、聯繫該候選人競選辦公室說明選舉期間依規定校園應保持中立與禁止候選人競選文宣入校之規定，該案將循「校安事件」通報處理——巧合的是我剛好也是校園安全及災害防救委員會的學生代表。後來何志勇也對此表達歉意 [46]。

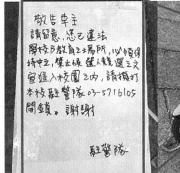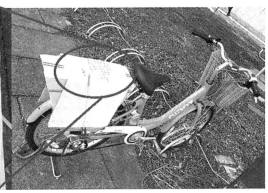

▲何志勇的競選宣傳自行車經陽明交大駐警隊處理後的變化，駐警隊告知其「已違法，因學校及教育之場所必須保持中立，禁止候選人之競選文宣進入校內」

黨校化危機　大學校方與學生自治
面對政治力滲透與介入的挑戰

系所主管涉嫌率領師生於上班日參與新竹市長候選人林耕仁之交流座談會

時間：2022 年 11 月
當事公眾人物：2022 年新竹市長候選人、新竹市議員　林耕仁（黨籍：中國國民黨）

　　2022 年 11 月 25 日，九合一地方選舉的前一天，我向校內秘書處媒體公關組反映有關於媒體報導「學校力挺來校造訪的交大校友、新竹市長候選人」之疑似行政不中立問題[47]，我強調「**本校陽明交大是國立大學，不是哪個政黨的『黨校』**」，本案會衍生相關行政不中立之疑慮不能只怪記者的報導聳動，而是相關教學單位主管作為準用《公務人員行政中立法》的交大校區一名林姓研究所所長，應該要有基本的 sense 懂得在選前「避嫌」以免瓜田李下啟人疑竇：[*]

一、該活動選在 11 月 23 日週三的選前倒數三天之上班日舉辦而非假日辦理。

二、活動上關於候選人發表其競選理念宣傳時不只有單純教授出席，更有兼任行政職的教學單位主管名列職銜並涉嫌率師生參與而被媒體報導。

三、還**據悉有校內師生在會後喊「候選人加油」**（見下頁）

68

[48]，甚至因此被記者解讀爲「學校力挺候選人」云云。

林耕仁 ✔
2022年11月24日 · ⊙

【舒適減壓，永續新竹】

昨天耕仁與交大的師生交流座談，現場除了專家、教授之外，也有很多年輕人，大家共同關心畢業後的就業環境、成家立業後的生活，當然也有新竹人共同的困擾-交通問題。

生活在新竹這座城市，舒適減壓當然是每個人期待的願景，而林耕仁作為市長候選人，當仁不讓要提出全方位的政策，照顧這座城市每一個群體，讓人民過好日子，是我責無旁貸的任務！

選舉至今，耕仁走遍新竹大街小巷，傾聽市民的心聲、請教專家學者的意見，了解各里里長的需求，提出以「舒適減壓，永續新竹」為主軸的政策藍圖；我也舉辦過超過80場的問政說明會，面對面與選民分享我的理念、未來會如何落實「照顧市民」的政見。

我很感謝在會後，有不少年輕人肯定耕仁，願意說出他們的想法，為耕仁加油打氣。相信年輕人，因為他們是國家未來的棟樑，做青年的後盾，也是我這次非常重要的政見。

這次聽年輕人的聲音，新竹的未來掌握在市民的手中。

團結新竹人，全力支持③林耕仁 👍

【舒適減壓，永續新竹】　　　💬 發送訊息

　　秘書室聲稱本校辦理之學術活動自始自終都遵守行政中立，但我實在搞不懂到底是什麼樣的學術活動需要在結束後

黨校化危機　大學校方與學生自治
面對政治力滲透與介入的挑戰

喊「候選人加油」的，我曾與一名校內一級行政單位主管談及此事，這名主管也坦承「陽明交大校內不是所有的行政主管都那麼有 sense」。行政主管本身作爲該機關領導者自身要以身作則，才有能力督導好下屬，尤其此時正值林耕仁論文案之學倫審議期間，校方的公信力須要靠每位教職員工的努力才能被維護，就怕有害群之馬傷了整體形象。

　　說到這裡，我不由得感嘆陽明交大的案例完美示範了何謂「上樑不正下樑歪」，如果校長都能與黑金爭議的政治人物談競選政見，那麼區區一個系所主管帶師生配合候選人的交流活動好像也不令人意外了——掌握行政公務涉入政治選舉，卻不顧自身職位可能影響行政中立或學校形象之行爲。人啊，千萬要記得自己的身份之敏感性，就拿我個人當例子，2023 年 2 月中，陽明交大校方針對月底將舉行的癸卯梅竹發起校內造勢活動，身爲交大象棋社社員的我當時是象棋賽裁判，個人完全迴避參加這類活動，因爲身爲裁判必須有放下對自身學校之執著的自知之明，保持中立以維持公正形象是必須的，如此象棋賽才能圓滿完賽與延續。

　　更讓我覺得疑惑的是：奇怪，這五年來，2018 年、2019 年、2020 年的交大都沒有類似政治影響校園之個案，結果合校爲陽明交大、林奇宏上台後的第一年（2021）發生校方發全校信涉嫌對他國內政指手畫腳，隔年（2022）更是高達四起案例，這到底是爲什麼？當然，這也是我爲何要寫這本書的原因之一。

第五章　（0008）國立中央大學
校方租借場地給政黨做公投政治宣傳

> **時間**：2021 年 10 月
> **牽涉政黨：民主進步黨**

　　2021 年 10 月 28 日，民進黨為進行公投宣傳呼籲選民全部對所有公投題目（全國性公民投票案第 17 案至第 20 案）均投下不同意票，向中央大學借場地引發爭議，後來該黨以詢問報名者眾，原場地為配合防疫規範只能容納五百人，因此將於桃園市另尋戶外空曠場地而取消租借校地。對此，前立委陳學聖批評 [49]，**中央大學自身在 2017 年 10 月 13 日所公佈的場地租借辦法，就明文指出「各場地不得為特定政治宗教團體進行宣傳或活動。」校方租借場地給民進黨作公投宣傳活動之舉分明是自打嘴巴。**

▲中央大學自 2017 年 10 月 13 日之場地租借規定

黨校化
危機

大學校方與學生自治
面對政治力滲透與介入的挑戰

系所替政黨部門之活動從事宣傳推廣

> **時間：**2021 年 10 月
> **牽涉政黨：民主進步黨**

　　無獨有偶，中央大學就在被爆出租借場地給民進黨涉嫌違反自身內規外，同一時間又被爆出**該校客家語言學系辦竟然幫民進黨客家事務部轉發活動訊息以宣傳之** [50]，**再度踩到《教育基本法》第 6 條之「學校不得為特定政治團體從事宣傳或活動」紅線，校方事後致歉。**

第六章 （0017）國立臺北大學
校方與政黨地方黨部合辦政治研習營

時間：2021 年 11 月
牽涉政黨：民主進步黨

　　中國的「北大」是北京大學，臺灣的「北大」是臺北大學，不過，臺北大學的校址、校本部並不在臺北市，而是在新北市——即升格前的臺北縣。2021 年 11 月 8 日，臺北大學推廣教育中心遭網媒《上報》踢爆與民進黨新北市黨部（主委：何博文，目前通過黨內初選而料將參選 2024 年立委）合辦「2021 公共政策研習班」[51]，該媒體調查指出，**原本新北市黨部規劃由北大校長李承嘉、推廣部主任陳國華致歡迎詞，但為避免節外生枝引發爭議，最終僅陳主任一人出席。國立大學與執政黨如此「合作無間」到黨國不分，還以為是在設有高校黨委書記的中國呢！**

　　此時，立法院正召開教育及文化委員會全體委員會，臨時提案第二案通過立委李德維（黨籍：中國國民黨）之提案[53]（連署人：林奕華（黨籍：中國國民黨）、萬美玲（黨籍：中國國民黨）、高虹安（黨籍：臺灣民眾黨）），該案要求教育部針對此事於 1 週內向教育及文化委員會提出書面報告。

　　11 月 12 日，**行政院長蘇貞昌（黨籍：民主進步黨）於**

立院備詢時也強調 [54]，學校不該跟政黨辦什麼活動，「不應該啦！」，並表達「不妥當，倘若學校是租借場地給政黨，這也要避開」。吾人直言，北大校方恐怕也根本不把《教育基本法》第 6 條之「學校不得爲特定政治團體從事宣傳或活動」條文當成一回事。

▲民進黨與北大合辦政治課程挨轟黨國不分 [52]

1 教育部也遭殃

隔年 1 月 24 日，**立法院朝野黨團協商教育部 111 年度預算時對此決定減列其「高等教育行政與督導」業務費 500 萬元並凍結 3000 萬元** [55]，待教育部與北大校方就事件提出行政調查結果報告及違失人員懲處名單，向立法院教育及文化委員會提出專案報告並經同意後，始得動支。

2 當「黨政軍退出校園」還高掛民進黨黨綱……

作為學生自治參與者，我不時要與校方一些威權作為抗爭以捍衛學生權利與校園民主，因此個人對於民進黨過去從黨外起家最終「小蝦米打敗大鯨魚」終結威權體制之壯舉頗有共鳴乃至敬佩。但是，最怕屠龍者自己最終也變成了惡龍，而所謂「黨政軍退出校園」，當然是「所有政黨都一律退出校園」，不是「一個政黨退出校園、另一個政黨進入校園」，更不是「我討厭的政黨退出校園、我支持的政黨留在校園」。

仔細翻閱**民進黨黨綱** [56] 裡面的一字一句，首篇「一、基本綱領——我們的基本主張」之「（五）創新進步的教育文化」章節裡，「1．建立開放的教育體系」主張「**尤須撤除政治對校園的干預**，俾學校自由發揮教學、研究和服務社會的功能」；「2．**維護教育中立學術自由**」主張「**大學及研究機關人員之聘任或不予續聘**嚴禁政治權力的干預；該黨在 1999 年修正之「二、行動綱領——我們對當前問題的具體主

張」之「（四）政治」章節裡，力陳「31.**政黨退出軍、警、情治、學校單位**」，「（九）教育」章節提及「108.教官退出校園，並廢除軍訓制度，**禁止黨、團干預校務**」。

那麼，大家可以想想看，即便撇開本案不論，比如 2018 年 1 月，民進黨立院黨團曾提出主決議「卡管」以影響臺大校長聘任程序，是否算動用「黨、團干預校務」？再者 2021 年 10 月，起初把公投宣傳活動選在中央大學舉辦，是否有牴觸「維護教育中立」？又或者 2022 年 9 月，該黨立院黨團總召致電陽明交大校長關切對手陣營論文學倫案並下指導棋，算不算「政治對校園的干預」？

3 給民進黨的建議：找回黨外之創黨初衷吧！

事實上，**本書所列舉之近五年來十多起各大專校院政治影響校園之案例，牽涉最多的政黨正是民進黨。**

民進黨黨章第三條明定黨員應認同黨綱，第五條更把宣揚黨綱列為黨員的義務。**黨綱、黨章不只是一個政黨的靈魂，更是該黨對全體國民的莊嚴承諾**（如同「學生會對外代表全體學生」是學生自治組織對同學們的莊嚴承諾），試問**如果民進黨的黨公職人員一而再、再而三地違反「黨政軍退出校園」黨綱而都被黨中央無視，民進黨要如何以昭社會公信？說話要算話啊！**

2022 年地方選舉，民進黨飽受黑金陰影而慘敗，賴清德在就任黨主席後，該黨中執會於 2023 年 2 月 15 日通過

「排黑條款」（俗稱「黃承國條款」），未來只要涉及黑金、槍毒或曾遭受管訓者，沒辦法擔任黨職或代表參選公職。**既然民進黨能展決心反黑金，那為何民進黨不能展決心落實黨綱「黨政軍退出校園」的理念呢？**有鑑於此，我實在建議民進黨：賴主席、賴副總統、賴總統候選人，請找回創黨初衷，落實黨綱以嚴禁黨組織與黨公職人員以政治干預校園。

（後記：與北大同位於新北的淡大，2023 年 5 月 26 日，淡江大學大眾傳播學系舉行 40 週年系慶，新北市長、國民黨籍 2024 年總統參選人侯友宜受邀出席並致詞，有爆料者稱為增加出席率傳出出席學生可加期末成績 5 分作為動員而批校方違反教育中立，引發熱議。對此淡大校方表示，文學院籌備會議討論時確實有提及此事，不過最後並未獲文學院長及授課教師支持，故未採用此加分方式。）

第七章　（3002）臺北市立大學
校方租借場地給臺北市長候選人黃珊珊辦選舉造勢活動

時間：2022 年 9 月

當事公衆人物：2022 年臺北市長候選人、前臺北市副市長黃珊珊（以無政黨推薦參選，現已加入台灣民衆黨）

牽涉政黨：台灣民衆黨（註：該黨黨名註冊時即用「台」而非「臺」字）

　　全國的公立大學，絕大部分都屬國立，只有兩所大學屬於市立，分別爲臺北市立大學與高雄市立空中大學，各自隸屬於臺北市政府與高雄市政府教育局。

　　2022 年 9 月 25 日，臺北市長候選人黃珊珊在北市大博愛校區中正堂舉行競選總部成立大會，民衆黨黨務高層包含黨主席兼時任臺北市長的柯文哲（2024 年總統擬參選人）等競相出席以示力挺。臺北市議員游淑慧（黨籍：中國國民黨）質疑，**北市大校規明文寫著「從事政治性集會或政黨競選活動者得拒絕申請」。對此北市大校方聲明，依校規得拒絕政黨申請辦理活動，承辦單位未注意相關規定，將檢討改進** [57]。

▲臺北市長候選人黃珊珊在北市大的大禮堂內舉辦競選總部成立大會造勢活動（該圖取自黃珊珊臉書粉專）

　　而我在隔日《自由時報》的投書〈民眾黨沉淪之快令人驚嘆〉一文提到：**柯市府 2016 年時就已制定《臺北市政府教育局所屬各級學校及幼兒園落實校園行政中立注意事項》第四點明定「學校於中選會發布選舉公告日起至投票日止之選舉期間，應禁止政黨、公職候選人或其支持者之造訪活動」，**中選會早於（2022 年）8 月 18 日發布今年地方大選之選舉公告，試問當時仍擔任副市長的黃珊珊（其於同年 8 月 28 日為投入市長選舉而辭去副市長），為何要如此帶頭「明知故犯」？

　　2023 年 4 月 9 日，我在出席 112 年大專校院學生會成果展時，詢問前來擺攤的北市大學生會高層，他們也覺得校方借場地給候選人搞造勢之舉涉嫌行政不中立。

黨校化危機

大學校方與學生自治
面對政治力滲透與介入的挑戰

第八章　高教環境面對政治力之因應淺見
教育部

1.教育部本身應避免被政治力干涉或是濫用主管機關職權充當政治介入大學之幫兇

希望臺大校長管中閔聘任事件所發生種種謬事，永遠成為歷史而切莫重蹈覆轍。

2.將行政中立、學術自由相關指標加強列入大學評鑑、關鍵績效指標（KPI）以考核之或將其相關改善與促進納入教育部年度單位預算評估報告，也可藉全國大專校院校長會議等相關活動與各大專院校協進會（國立大學校院協會、私立大學校院協進會、國立科技大學校院協會、私立科技大學校院協進會、專科學校教育聯盟）以探討如何改善與促進之

從第二章到第七章的個案分享，我們驚訝的發現：這麼多出事的案例竟都發生在飽受國家資源挹注、比私校更有行政中立要求的公立大學！這實在令人不寒而慄，原因恐怕在於**公立大學的預算等資源往往來自於國家**，而這些資源需要中央政府、立法院等審核，這就給了政府或政黨很大的操作乃至把持的空間，看看每次立法院審國立大學預算時那一排

排大學校長們正襟危坐、誠惶誠恐地等待立委叫上備詢臺接受質詢的模樣，**所謂「拿人手短、吃人嘴軟」，這也使得公校校方往往不敢得罪甚至必須巴結政治人物。**但即便如此，我們還是要發出質問：行政中立不是公務員最基本的 ABC 嗎？學術自由不是一個大學該有的靈魂嗎？我們不應再縱容大學裡出現有人拿政府的資源從事政黨的宣傳之事了。

校園面臨之三大校外勢力威脅：政治（含中共統戰）、黑道（含毒販）、財團，這又以政治遠比他者還嚴重，因爲政治能讓每一位教職員生都深受其害而無處伸張正義（黑道、財團仍受政府公權力制約，但如果政府本身就是大流氓呢？），白色恐怖、紅衛兵皆是如此。

3.有關大學之相關經費、補助、獎勵等審核與發放以超然中立行之

4.對政策法令之宣導應以中立字句論述而避免替特定政治勢力從事宣傳之嫌

5.提出《大學法》、《教育基本法》等修正草案送立法院審議三讀，透過國家法令層次強化大專校院嚴守校園中立

大學校方

1. 有捍衛大學自治與學術自由的決心，能在政府或政黨意圖對其侵害時挺身維護之，另外不可因少子化危機爲招生吸納政治人物之學費而犧牲學術品質

2. 強化內部控制機制以維持行政中立，人事等單位對於校內教職員生校園中立及相關法規之宣導應定期持續，而非只有在特定選舉、公投等投票期間才做，選舉期間可於學校外圍、辦公場所出入口等顯眼處張貼禁止競選活動之告示

3. 場地租借應審慎斟酌或迴避影響校園安寧之政治性活動之舉辦，可以在校內場地租借法規當中就明訂爲落實校園中立，政治性活動則不予核准租借，或者當有個人或團體租借場地時發生影響校園依法須中立之言行，則應擬定適當罰則措施以避免重演

4. 對政策法令之宣導應以中立字句論述而避免替特定政治勢力從事宣傳之嫌

校內基層教職員生

當政治勢力意圖干預校務或學術，校內基層教職員生能團結抵抗或者監督校方高層作爲，而平時對於相關涉及影響校園安寧之政治活動於校內可能或正在發生應有所機警，趕緊向校方相關場地租借主管單位反應，一般同學也可藉由學生會陳情而由自治組織代爲向校方反應。

當然，尤其是**學者爲人師表應該潔身自愛，不應爲了個人利益或仕途而出賣學術靈魂**，給政治人物不該有的學術特權而使得高教貶值、「學店」充斥。另外，**不只是基層教職員生，社會大衆也應逐步擺脫學歷迷思並體認政治人物「會讀書」跟「會執政」完全是兩碼子事**，這樣那些政治工作者也不會對選民「投其所好」而去「洗學歷」。

第三部：學生會，不該只有一種黨派的聲音

第一章 「黨會體制」：學生會，聽黨話、跟黨走？

1 黨會體制：學生會版黨國體制

早在 1995 年的司法院大法官釋字第 380 號，就已將學生自治納入大學自治的保障範疇。而「黨會體制」是我創造的新名詞——「黨」指涉政黨（或可引伸為個人政治立場）、「會」指學生會，如果「黨校」是「學校版黨國體制」，那麼「黨會」是「學生會版黨國體制」。

黨國體制是一黨專政的象徵，黨會體制是「一黨學生自治」的象徵，用於說明學生自治參與者濫用學生會公器去滿足個人意識形態或為特定政黨、政治人物宣傳等行徑。「（政）黨、（學生）會不分」如同黨國不分、公私不分、公器私用。平心而論，**這些有意將學生會變成政黨側翼青年軍的大學生們，與其說是「無知被洗腦利用」，不如說是「蓄意自甘充當政治鷹犬」，而即便他們的不當作為遭到會內成員批判，他們往往會將這些異議者打成「你就是主張『政治很髒都不能碰』的『威權保守派』」**（就像特定黨派人士會將不同的聲音一律抹紅為「中共同路人」一樣）然後繼續我行我素，然而「反對一黨學生自治」跟「覺得政治很髒都不能碰」分明就是完全不同的兩件事。

2 學生自治：政黨滲透校園的「巧門」？

　　縱使學校有教育中立之規範，但大專校院裡存在一個「大學裡一定要有但不屬於學校官方的組織」——也就是《大學法》第 33 條的學生會，**因學生會本身不受法律「行政中立」之約束，這個「巧門」讓政治團體可以巧妙避開「黨政軍退出校園」法令規範而藉由滲透甚至掌控學生會、政治性學生社團來堂而皇之地進入影響校園，以謀取其政治利益。不過，政黨有時不一定會直接控制學生會，而是透過與該黨友好或具側翼性質的青年、學生團體作為政黨的「白手套」藉以間接遙控學生自治組織。**

　　畢竟，依法 **16 歲就能加入政黨、18 歲就能投下公投票**，因此政黨如能取得大專校院的學生人心，那對於青年選票的獲取肯定大有幫助——這也是我雖然支持「18 歲公民權」修憲案（其於 2022 年 11 月 26 日公民複決因未過同意門檻而遭否決），但也多少能理解對該案持疑慮乃至反對意見的人正是擔心該案通過（代表所有大學生擁有選舉權）後大專校院會全遭政治勢力的全面滲透與掌控。我個人把**政治勢力影響乃至「寄生」學生自治的過程**分為幾個階段，由淺入深依序為：**接觸**（政黨與學生會開始「碰面」）、**滲透**（政黨有意安插自身人馬打入學生會內部）、**介入**（政黨開始在學生會發揮影響力並插手會內事務）、**掌控**（政黨將學生會納入囊中有效控制）、**奴役**（「宿主」學生會如僵屍般完全聽命於政黨）。

第二章　個人學生自治論述雛形：《授權論》

　　目前學生自治圈幾乎沒有完整哲學論述問世，多集中在「學生政府」或「學生工會」之辯，既使現行爭論不休沒有定見，我倒是提供一些個人淺見雛型供參：

1.學生會的職能具「有限性」，其正當權力來自於所屬會員的積極授權同意：

　　學生會在本質上具有「類政府」型式（尤其是以權力分立（Separation of powers）爲體系的運作而言），這個型式能避免學生會內部有人濫權。國立成功大學法律學系特聘教授許育典 2014 年著作《大學法制與高教行政》[58] 的第四章〈大學法制下的大學學生自治〉，結論爲學生會係依公法（《大學法》第 33 條）設立，其構成員資格具強制性，並有行使公權力之權能，且得爲權利義務之主體，依前開大法官解釋意旨，而 2023 年 3 月 13 日臺北地方法院行政訴訟判決 111 年度簡字第 46 號 [59] 也引用該書認定「**學生會屬公法人 [60]，具有權利能力及當事人能力**」，司法院釋字第 467 號解釋理由書 [61] 則說明公法人本身具有行使**公權力**之職能。現行《大學法》劃出學生會的「目標範圍」在於增進學生在校學習效果及自治能力，並非任由會內成員恣意亂搞。

　　學生會對基層同學來說具有「類政府」的「公權力」而使

得全體會員必須服從這個權力，說明兩者存在「統治與被統治」的微妙關係——「被治者的同意」（the consent of the governed）論述基礎源於啟蒙運動時期英國哲學家洛克的《政府論》（其論述應用的實例可見於《美國獨立宣言》），**學生會的合法性之根本是基於被治者也就是全體會員的同意**（《大學法》第 33 條之目的在於確立此事），也就是「學生會的正當存在必須以全體學生的普遍認同和自願服從爲基礎」，這是學生會與會員的「社會／校園契約」，正因「學生會的構成必須以取得學生的同意」的前題，**學生會的行爲能力需具「有限性」，以保障其統治全校學生之合法性與正當性，更進一步避免其權力無限擴張而導致極權壓迫全體學生**——舉例來說，《大學法施行細則》第 26 條規定「學生會費應以處理學生在校學習、生活及與其權益直接有關之事項爲限」，**我們可從會費之收取看見學生會本身的「有限性」，否則學生會一旦濫用或巧立會費收取名目並動用法定學生自治公權力來對同學們「橫徵暴斂」，將是對學權之一大損害。**

在現有法規未能詳細述及之處，學生會在合法範圍內的職權範圍有多大，關鍵在於會員們對學生會的授權有多大，這樣的權力行使及對外代表性才正當，意即類似法國哲學家盧梭的《民約論》之「主權在民」意旨——**國家爲國民主權，學生會爲「會員主權」。即便是所謂的「學生代表」，不論是在校級會議或是學生自治立法機關，是要任職者代表全體或一群學生的意見而非只是「代表自己」。**

以政治表態爲例，學生在投票選出會長、學代、議員等

學生會成員時，是授權其代表他們參與和會員身分有關之自治及校務，但學生並非將所有權力都轉讓給學生會——比如就現實而言原則上並未「積極同意」、「充分授權」學生會可以任意代表他們集體的政治立場（我有時常訝異：連我們選出來的行政首長、民意代表都不一定甚至難以自稱己身的政治立場即為全體或部份人民的想法，結果我們選出來的學生自治參與者竟能大喇喇地說自己的政治立場能「代表」全體或部份學生，豈不誇張？）。因此，學生會若真要做與會員身分無直接相關之政治表態（舉例：藍綠統獨議題），應高度審慎以所屬全體學生民意而非會內參與者之個人意識形態為優先但不一定是唯一的考量（**就算因故難以全部納入所有同學的意見也應盡可能尋求代表最大多數同學的想法**），這同時須注意是否有多數侵害少數基本權利之情況發生，如此「學生會對外代表全體學生」才有正當性，也就是說**以學生會為名的對外政治表態並非「毫無範圍」、不受節制而可任由學生自治參與者為所欲為地替同學做各種政治代言。**

2. 學生會成員如做逾越所屬會員授權的行為是一種濫權而辜負選民託付：

以政治表態為例，學生會成員如任意對外做政治表態而踰越選民授權，這是一種濫權——濫用「**學生自治組織對外代表權**」，如此致使全體或部分學生的立場「**被代表**」或者「**被消音**」，無異於變相侵害學生權益，也辜負甚至可說背

叛選民託付，這將動搖乃至摧毀「學生會對外代表全體學生」之存在正當性根基，使得學生會實質上只是代表、獨厚某些甚至少數會員的觀點或利益。

3.學生會若濫權到極致，學生有權行使抵抗權、公民不服從以反抗之：

學生會的存在根本理應是把關乃至提升學生權益，但學生會如果濫權侵害學權、學生自治民主憲政秩序到極致，而會內機關或機制失靈已呈無法有效或即時制衡之顯著跡象時，**學生自治參與者極為嚴重地違反民主法治、選民授權在先，學生作為校園裡的公民，理應有權行使抵抗權、公民不服從作為最後手段反抗學生會以捍衛民主憲政（比如拒繳學生會費），而這樣「暴政」的學生會顯已不具代表學生的任何存在正當性。**

值得一提的是，最高法院在 2014 年太陽花學運攻佔行政院案（學運著名口號：「**當獨裁成為事實，革命就是義務！**」）的「**109 年度臺上字第 3695 號刑事判決**」[62]（2021 年 1 月 18 日）中，援引《德國基本法》第 20 條第 4 項「凡從事排除上述秩序者，如別無其他救濟方法，任何德國人皆有權反抗之。」之規定，肯認：**人民行使公民不服從的行為本身是言論自由的特殊表達形式，得類推適用緊急避難或避難過當之規定阻卻違法或減免刑責；人民行使抵抗權的行為縱然《中華民國憲法》未明文其權利，但依國民主權的憲政原理**

仍應加以承認並得阻卻違法。

　　套用政治電影《V 怪客》（V for Vendetta）名言：
"People should not be afraid of their governments.
Governments should be afraid of their people."，**「學生不應
該害怕學生會，學生會才應該害怕學生。」**

大學校方與學生自治
面對政治力滲透與介入的挑戰

第三章　當學生會開始充滿特定政治色彩
他們爲何要拿學生會搞特定黨派色彩的政治表態？

1. **藉由凸顯該議題促進特定政治傾向的同學關心公共事務，**如此可吸引特定政治立場的學生關注，甚至將他們拉進學生會以擴大自身勢力

2. **在會內展現權威與影響力，凸顯個人在組織內部之地位與權勢，**畢竟掌握話語權在各種團體裡都是種權力象徵

3. **利用學生自治組織「對外代表全體學生」名義甚至會內人力、財力等資源，從事個人政治立場之宣傳以實踐其政治理念，甚至未來從政之跳板，說穿了就是公器私用**

4. **藉此進行對會內人員之思想審查、忠誠考核，立場相同者可拉幫結派、立場不同者則黨同伐異**

　　這種行徑真的很差勁，如同秦朝丞相趙高藉「指鹿爲馬」並請朝中大臣表態是鹿是馬來區分敵我以行政治鬥爭，抑或對岸小粉紅動輒對我國藝人強迫表態其應有「祖國／中國認同」。

學生會如具特定政治色彩的結果與代價

　　學生會如果具有特定政治色彩，確實可以吸引與學生會傾向之黨派相同的基層同學投入參與公共事務與學生自治，有助於培養與學生會傾向之黨派相同意識形態的基層同學從政或加入特定政黨；同時，也將學生自治組織營造成特定政治色彩擁護群體的同溫層，群內成員可相互取暖以增進情誼，對於特定政治議題也易於團結表達集體立場與行動，甚至可從特定政黨那邊取得一些好處。

　　但是，問題來了，這樣將會帶來什麼樣的代價？

1.學生會將「自毀根基」，使自身「代表全體學生」之存在正當性不再，充其量只是淪為獨厚特定甚至少數黨派的學生支持者之學生團體，學生自治公器淪為個人或政黨之政治宣傳工具

　　學生會之所以在校園有其龐大聲量並享有在學校各級會議推派學生代表之權力，正是基於其「代表該校全體學生」之正當性，但是如今這個正當性卻被學生自治參與者自己給徹底顛覆了！

2. 對於公共議題之探討與表態容易扼殺會內民主多元討論的空間，政治立場為非學生會傾向之黨派的會內成員將自我審查而因此不願或不敢發表不同意見，發表異議者恐遭打壓、排擠

此即呼應政治學上所謂「**沉默螺旋理論**」，意謂學生會將逐漸乃至完全**失去民主**，淪為特定政治傾向人士主宰的**寡頭政治乃至一言堂**。

3. 破壞許多學生與學生會之互信，非學生會傾向之黨派的整體多數基層同學將降低參與學生自治等公共事務之意願，並與學生會疏離或保持緊張關係

簡單來說，**當學生會老是偏向 A 黨，對於其他所有 B,C,D,E,……黨或是無政黨傾向的學生支持者肯定無法接受**，而政治本身尤其是一些特定敏感議題（以臺灣來說當屬兩岸統獨議題）易挑起不同黨派間的彼此尖銳對立，最終使得這些人不願甚至根本不想參與學生自治，對學生會成員或學校各級會議徹底失去信任。畢竟，**你我之所以願意支持學生會，正是因為相信「學生自治組織會為我們發聲」**，而如果學生會成員只想到自己而不顧及他人，那同學們又為何要力挺乃至參加學生自治呢？

4. 學生會之獨立性與多元性易受到政治勢力之影響而受損，情節嚴重者會內成員甚至可能為了個人從政仕途或擁護自

身所支持的意識形態、政治人物與政黨而反倒犧牲出賣學
生權益

如果學生自治組織眞的墮落成這種地步，**那眞的可以解
散學生會了**，同學們行使**抵抗權、公民不服從**恐怕都是合情
合理的！講白一點，學生會若老是偏向 A 黨，對於其他所有
B,C,D,E,……黨或是無政黨傾向的學生支持者來說形同在學
生自治公共領域失去表達政治意見的機會，這對於學生權益
就是一種變相侵害！

其實就個人數年參與學生自治的觀察，**在學生會裡頭積
極投入甚至可說狂熱於政治者其實佔整體組織的相當少數，
但因爲他們往往在會內掌握話語權與聲量，更有甚者利用學
生會名義搞個人政治表態、掛著學生會職稱頭銜去參加政治
活動或示威**（他們或許在非校外政治事項服務學生的時候未
明顯區分黨派，但以學生會名義做政治表態或行動時卻常偏
頗特定黨派），導致外界總有參與學生自治就是未來想從政
的偏見。

就我個人而言，吾人關心政治但謹守分際，絕不將學生
自治組織公器私用於個人政治立場，**對於那些不惜犧牲學生
會形象也要爲自身賺取政治資本的人感到非常不以爲然——**
民刑法現在都已將成年門檻設爲 18 歲，也就是說**大學生基
本上就是法定成年人**，應該爲自身負完全行爲、責任能力，
你要怎麼「搞個人政治」請自負責任，學生會的資產與形象
沒必要爲你而跟著陪葬。

**黨校化
危機**　　大學校方與學生自治
　　　　面對政治力滲透與介入的挑戰

現行有具影響力的政治色彩鮮明學生團體嗎？

1　「臺獨學聯」

目前是否有具影響力之政治色彩鮮明學生團體的存在，全國大專校院學生自治圈的說法不一，有人覺得沒有，但也有些人覺得有且口徑幾乎一致指向該學生團體——主要由**現行四十多間大專校院學生會（約占現行全國大專院校總數一百四十多間的三分之一左右）加入組成之，於 2019 年 4 月 1 日愚人節成立，會址設於臺北市北平東路 28 號 9 樓之 1，其會址剛好在民進黨中央黨部（臺北市北平東路 30 號）隔壁**，該團體被部分學生自治參與者戲稱叫「**臺獨學聯**」。何也？經彙整各方資料後分析該團體近年來政治特色如下：

1.2020 年 8 月 12 日主辦相關修憲論壇，宣稱中華民國的憲法、國號、領土等與臺灣現狀脫節

2.2021 年 12 月 18 日四項全國性公投第 17 至 20 案前夕，呼籲同學在重啟核四商轉、公投綁大選選項投下不同意票，還拍攝《陷阱 KONA》微紀錄片以反核四，並特別感謝「臺灣獨立建國聯盟」（WUFI-Taiwan）等團體協助，該團體理事長在該片挨轟後自比「側翼」（疑用自嘲口吻）

3. 會在特定節日或事件談其政治主張，比如 2021 年 4 月 7 日言論自由日發文〈今天在校園裡談臺獨〉；2022 年 11 月搞政治集會以臺獨旗幟代指我國；2023 年 2 月 28 日論述 228 事件 76 周年之發文指涉中華民國為「外來政權」

4. 與其高度合作者為民進黨籍不分區立委范雲，其主辦之學生自治營隊活動往往僅邀單一政黨之立委座談與會

　　簡介完此學生團體的政治色彩，大家覺得這個團體真的名符其實能代表「全國大專校院或內部會員校之全體學生」（的政治立場）嗎？注意，我這裡都只是平舖直述他們的政治立場，在此我並不評論他們的立場到底是好是壞。

　　確實不該隨意把人貼上政治標籤，但如果是對方自身愛搞偏頗特定黨派的政治表態，那又怎能怪罪他人認為己方有政治色彩呢？「有趣」的是，我還曾經被一位有加入該團體的學生會陽明分會高層表示「說他們團體有特定政治色彩的人其實是在扣他們帽子」——嗯，或許絕大多數的讀者和我一樣都沒那個高智商能考上陽明醫學系或牙醫系，但我們倒是還有一點基本的政治常識判斷：上述這些該團體的政治特點都不是我憑空杜撰，而是從他們自己在其官方臉書粉專的發文獲悉，試問他們有意改掉中華民國國號、反核四、反公投綁大選等主張，是獲得藍、綠、白等各黨的共識支持？還是明顯偏向特定黨派的意識形態呢？

　　那我們再來看看有哪些大專校院學生自治組織加入這個

黨校化危機

大學校方與學生自治
面對政治力滲透與介入的挑戰

被戲稱「臺獨學聯」的學生團體呢？根據其官網顯示截至 2023 年 1 月 1 日以前該團體共有 48 間學生會會員校：

◎北區（基隆、臺北、新北、桃園）：

　　輔仁大學、東吳大學、淡江大學、中國文化大學、銘傳大學（桃園校區）、真理大學、臺北醫學大學、國立中央大學、國立臺灣海洋大學、國立陽明交通大學（陽明校區）（註：作者所屬之交大（校區）學生自治組織已表明不加入）、國立臺灣藝術大學、臺北市立大學、國立臺灣師範大學、世新大學、國立政治大學、國立臺北大學（三峽校區）、國立臺北大學（臺北校區）、元智大學、國立臺北科技大學、開南大學、國立臺北商業大學

◎中區（苗栗、臺中、彰化、南投、雲林、嘉義）：

　　國立中興大學、國立彰化師範大學、國立暨南國際大學、國立雲林科技大學、國立聯合大學、國立虎尾科技大學、國立臺中教育大學、國立臺中科技大學、中國醫藥大學、亞洲大學、南華大學、國立中正大學、國立嘉義大學

◎南區（臺南、高雄、屏東、金門）：

　　高雄醫學大學、國立成功大學、國立中山大學、國立高雄大學、國立金門大學、實踐大學（高雄校區）、國立高雄師範大學、樹人醫護管理專科學校、國立高雄科技大學（第

一校區）、國立屏東科技大學

◎東區（宜蘭、花蓮、臺東）：

國立宜蘭大學、國立東華大學、國立臺東專科學校、國立臺東大學

　　我參加今年學生會成果展時，發現至今有些學生會依然在考慮是否加入，他們表示支持加入的一方認為，即便這個學生團體有特定政治傾向，但是這個傾向比較不被外界知道，所以就算他們的政治主張可能是非主流、少數大學生的看法甚至違反自身學校學生會的立場也可以「忽略」這部份的問題。聽到這樣的答覆，我在想這是不是一種掩耳盜鈴的鴕鳥心態呢？

　　說實在的，寫到這裡我也有掙扎，因為這個學生團體裡面有不少我認識的各大學學生自治的同好（這也是我為何不在書中直接公布該團體全名的原因），然而我對於民主多元價值的堅持更加堅定，當然個人都有信守諾言保密該團體內部人員要我別外流的事情。我在此要鄭重強調，個人尊重他們對政治的熱情，但畢竟維繫學生會運作之會費繳納是由不分黨派的同學們給予會內之信任與支持，如果他們可以淡化特定黨派色彩，包容更多元黨派的學生與意見，或許會有更多學生自治組織願意與其有進一步的關係。

黨校化
危機

大學校方與學生自治
面對政治力滲透與介入的挑戰

2 什麼樣的學生團體在有學生會不加入時就出惡言？

2021 年 3 月 11 日，陽明交大學生會交通分會學生議會在 109 下會期第二次常會最終以參與表決之全票贊成、0 票反對，表明不加入該被戲稱為「臺獨學聯」的學生團體，這當中不乏有對他們特定政治色彩、學生會應代表全體學生之考量理由；3 月 14 日，交通分會與陽明分會在學生會中央總會第一屆第七次學生代表大會共識調處達成**中央學代會第 1032 號決議——不以包含兩分會在內的「國立陽明交通大學學生會」中央總會名義，而僅以「陽明分會」名義在該團體，且陽明分會在該團體時需標明自身，在合適情況加註足資識別交通分會未加入之意旨文字。**

有人說交通分會不加入該學生團體的理由是「害怕政治」，當時在場的我必須嚴正駁斥這種誤導，理由：**我並不害怕政治且尊重每個人的自身政治立場，也支持學生會討論公共事務，但絕非濫用「學生自治組織對外代表權」來滿足個人政治立場，兩者完全是兩碼子事且後者是公器私用；**何況如果學生會偏向特定黨派，之後將逐漸使得其他黨派或無黨的學生失去表達意見的意願甚至自由而導致學生自治獨厚甚至只有一種黨派的聲音，**嚴重損及學生自治之民主多元，也不符學生會理應對外代表全體不分黨派的學生之核心宗旨——我與許多交大議員們捍衛的正是學生自治公共領域民主與多元的價值，**就算我真的有支持的政黨或候選人，當他們執政後要是敢搞一黨專政來打壓他黨不同意見時，我也會站

出來反對以捍衛民主；就算眞有與我個人政治立場契合的學生團體，我也不認爲學生會應該因此加入而充滿特定鮮明的政治色彩，從而使得會內失去多元黨派的意見舞臺。

結果該學生團體一名委員會主委在獲悉後竟以「好爛 XD」等語貶損交大學聯會（其公開言論我有截圖存證），身爲當時的學生議員，我不禁要問：**作爲擁有獨立性、自主性的交大學聯會，我方當然以全體交大學生的最大利益而非該校外學生團體的政治利益爲考量**，本會就只是不加入而已，也沒有用惡意貶損語句稱他們，更沒有要在日後與他們爲敵，**對於那名主委的傲慢言論我深感遺憾。我接觸過不少青年、學生團體，除了該團體外從沒一個團體會因爲個人或組織決定不加入而開罵的。**

去年 8 月，我參加該團體辦的活動時，聽到在場人士「滿意」地說：「來這裡參加活動的有誰不是『覺青』[63]？」有該團體高層要員現場也笑臉不否認。嗯，「覺青」（覺醒青年）族群的政治黨派傾向是什麼應該也不用再多說了吧，**個人的政治立場自當受尊重，但如果當一個團體如果只有一種黨派的聲音而且還以「只有一種聲音」自豪時，這對一個要自詡要爲所有臺灣大學生發聲的團體是件好事嗎？該團體總對外標榜說「三十年後的社會，答案就在今日的校園」，那如果三十年後的臺灣社會只剩一種黨派的聲音，那還有民主嗎？還有多元嗎？這樣即便如他們所願改新國號難道就眞的是臺灣人民與大學生們樂見的國度嗎？**

話說回來，學生會既然以「對外代表全體學生」爲自詡

黨校化
危機

大學校方與學生自治
面對政治力滲透與介入的挑戰

並以此作爲權力來源，那不是應該容納各種黨派與無黨籍的「全體」學生嗎？**我已聽過一些該學生團體內部會員校的學生會高層如學生會會長或學代會議長對其偏頗特定黨派之政治表態頗有微詞卻不敢講，而理應自由地暢所欲言卻「敢怒不敢言」本身不正是一種最血淋淋的自我審查嗎？印度聖雄、非暴力不合作運動領袖甘地（Gandhi）曾說：「無法包容的本身就是一種暴力，也是眞正民主精神成長的障礙。」**

　　固然平時我們常講「以和爲貴」，但是有些東西是不能輕易妥協的，民主自由、基本人權、主權治權等是我認爲難以委曲求全之事——比如說，陽明交大才剛一合校沒幾天，就有一位陽明學代在中央學代會逕自提出《學生會分會會籍法》草案，內容最具爭議的是有關「特別管轄」交大學聯會所屬轄區（當時我有問陽明分會長此事，他表示該名陽明學代的提案根本還沒在陽明分會內部先凝聚共識過），當中「北門校區（原交大臺北校區）得由陽明分會管轄」等字句令交大學代看了全傻眼，我是率先跳出來斷然拒絕以捍衛交通分會的職權，後來這條當然也就沒立法進去——管轄權是分會「治權」的重要象徵，即便陽明分會所轄校區的學生人口數遠低於光復校區，我可從未對陽明校區有過「非分之想」，北門校區自 1979 年創立以來本就屬於交大而過往學聯會管轄此處也沒衍生任何大問題，上述條文根本沒如此必要。

第三章　學生自治面對政治力之因應淺見
教育部

在尊重學生會爲前提下，輔導學生會參與公共事務乃至接觸政治勢力時能有自主獨立性、黨派多元性。

1. **青年署等單位協助各大專校院校輔導學生自治組織的民主多元，比如藉由大專校院學生會專題研討課程或學生會成果展等活動關注學生會之民主多元程度**

2. **青年署自身應嚴守行政中立，署內之學生自治專家、專題課程講師名單與青年諮詢小組委員等避免集中或獨厚單一團體、黨派或其側翼勢力之人士**

2021 年 11 月網媒《上報》報導，**有政黨爲搶攻青年票連理應嚴守行政中立、專責輔導大專校院學生會的教育部青年署也意圖染指**（https://reurl.cc/eXYogM）。以青年署之青諮組織爲例，當中青年諮詢小組「**公參分組**」主責「**優化大專校院學生自治**」，第三屆該分組的七名委員僅有兩位具豐富學生自治背景（任期至 **2023 年 5 月 23 日止**），且這兩位剛好都屬於同一學生團體（卽上文被戲稱爲「臺獨學聯」的團體），不知之後的青諮小組能否更具多元性？

大學校方與教職員

在尊重學生會為前提下，輔導學生會參與公共事務乃至接觸政治勢力時能有自主獨立性、黨派多元性。

1.學生事務處課外活動單位輔導學生自治組織的民主多元，比方說校方或校內有相關專長如社會學之教師可以辦理一些審議式民主實作課程、世界咖啡館活動，以供學生會成員自由參加來學習在公共領域的包容多元之精神

2.依法行政，如學生會租借校地或活動使用有違反校園中立法令之虞亦須予以制止並告知理由

這裡必須強調，**如果學生會只是單純、客觀、多元的方式討論公共事務，學校其實可以平常心看待而不必過度反應**（否則也可能衍生影響學生自由權利的問題，另可參考教育部 2018 年發函各大專校院公文「臺教高通字第 1070156432 號」之「重申各大專校院學生會遵照校園中立規定」），但如果相關校內政治活動顯有觸犯《教育基本法》第 6 條等法條或是校內設有不租借給政治性活動的法規之虞，校方就必須出面制止——畢竟學生自治跟大學自治一樣均絕非無限上綱到**可以逾越法令規範。**

學生會與全體學生

**1.會內成員應有捍衛獨立性與多元性之意志與作為，可建立
會內監督機制，確保學生會不會獨厚甚至只有一種黨派的
聲音**

　　首先強調，學生會成員個人要去參加什麼政治活動、加
入什麼政治團體、擔任什麼政黨幹部，那都是他個人的政治
自由，如果單純只是這樣也不算什麼「政黨入侵校園」，**我
們都應該尊重且不宜干涉**（我原則上都不會主動過問）；但
是如果要拿自治組織替個人政治立場效力，這樣就是公器私
用、「黨會不分」而顯得不恰當，會內成員應積極出面制止
以捍衛學生會的獨立性、公共性與多元性。

　　關於所謂「會內監督機制」，個人在交大學聯會有實務
經驗——2021年2月底，學聯會行政部門未與議會溝通即支
持「珍愛藻礁公投」連署，且發生場地使用名目不符實情，
導致學聯會信用受損、府會緊張失和、部分持不同意見的同
學與學聯會對立，行政端起初還稱「此事與學聯會無關」，
直到被議員們挨批卸責後才為此致歉坦承思慮、監督不周。

　　再次重申，**我樂見學生自治組織討論公共事務，但不該
任意假藉此理行特定政治帶風向之實，且「討論」與「表態」
的本質不同**——討論是容納各種聲音來集思廣益地探討，表
態是站在特定一方的鮮明立場進而在一定程度上排除支持其

他的聲音。學生會對外代表全體學生，全體學生當然有各種黨派立場，學生自治參與者們亦然，而**政治表態本身如果會導致學生會的內耗甚至內鬥、學生會與基層學生對立之後果應被審慎重視，衡量「被代表」而起的紛爭對學生會內外的衝擊。**

因此，那時我處的學生議會鑒於此事在新增制定《**交通分會促進會員參與公共政策條例**》整部法規時，**建立起相關「事前（表態前）監督」與「事後（表態後）監督」機制**，首先設立「徵詢制度」，當中規範「法定徵詢」以**貫徹議會監督職能**，要求行政部門就公共議題進行相關立場表態或活動發起者一律應於事前徵詢學生議會意見，並強化行政部門對交大學生民意之完整蒐集與**會員監督學聯會**，行政部門針對政治表態或其相關活動發起之程序或措施如有制定相關行政命令應送學生議會備查。行政部門應審慎評估議會意見再決定是否表態之可行性與適切性並受議會監督，若議會發現行政部門做出表態後情況局勢發展或學生民意反應不對勁，也可適時對行政部門的表態做相關補救措施。

2.評估是否以學生會名義加入青年或學生團體時，應了解其政治色彩背景與加入後之政治作為再打算，與其輕率加入青年或學生團體後才反悔而掙扎想著如何退出，不如事先就多作好功課、多評估利弊，**以全體學生公共利益而非個人政治私利來審慎決定**

3.如眞有必要需接觸政治勢力或團體，應盡量確保各黨派都能有所觸及而非獨厚特定政黨

　　接觸政治勢力或團體時，多聽聽不同政黨對於同一件公共議題爲何有不同想法，每一個黨派其實可能都代表個每一個事情面相或族群需求需要被看見甚至兼顧。

　　尤其是**如果學生會只與單一政黨或候選人接觸，會被懷疑偏頗、選邊站本來就是人之常情而怪不得他人**，我覺得學生自治參與者亦須自省爲何不能兼顧其他主要甚至所有政黨或候選人呢？除了降低受人非議之可能，更重要的是反應多元聲音，**有多元、包容甚至妥協才有眞正的民主** [64]。

4.討論公共事務，應就事論事保持獨立思考而非人云亦云，如眞有必要作政治表態，應以盡量周全顧及各方學生意見而非獨厚特定黨派的學生支持者

　　關於政治表態，我再來分享交大學聯會的例子，雖然先前提到學聯會有因藻礁公投的失當處理案例，不過在這之後，學聯會有相當的改善。

　　2022 年的臺灣政壇大事，除了地方選舉外，其實還有「18 歲公民權」的修憲複決公投。2022 年 9 月 28 日，我提出關於是否舉辦 11 月 26 日地方選舉暨修憲複決返鄉專車之討論（詳見下頁圖片）；2022 年 11 月 18 日，學聯會長洪瑞隆在議會常會中提出關於「18 歲公民權」的討論，議會全體議

員雖多數支持，但比起單純帶風向或下指導棋要同學作特定政治選項，**學聯會粉專發文針對修憲議題呈現方式是選擇正反論點並陳、鼓勵投票行使公民權利但尊重同學的政治選擇自由意志** [65]，**適度克制**，這點我給學聯會按讚。

二、本會是否推動 1126 返鄉專車（學生議員賴彥丞提案，學生議員洪瑞隆附議）

說明	行政部門盡量爭取，以不動用本會經費為原則，有政治爭議的任何團體洽談都一律否決。 **共識通過。**
決議	通過。

　　爲什麼學聯會要這麼做呢？我相信是因爲學生自治不會也不該只有一種黨派的聲音，全體學生當然有各種政治立場，**即便是不少對 18 歲公民權持中立、棄權甚至反對的交大學生亦是學聯會的會員，即便在議會會內的主流是支持的立場，學聯會發文時也顧及同學們的不同意見並使其覺得自己的想法並未被學聯會漠視**——畢竟，學生是獨立自主的公民而非學生會的「順民」。

　　總之，希望學生會面對政治勢力時能維持以下特性：

（1）**獨立性：不受外來勢力染指操控**

（2）**公共性：屬於全體學生而非特定黨派的少數人**

（3）**多元性：代表全體或包容各種意識型態的學生**

（4）**穩定性：會內避免因成員政治立場不同而陷入內耗**

結語 / 政黨節制吧，學校守法吧，學生會回歸本質吧！

雖然書名是寫「黨校化危機」，但我們何嘗不能藉此省思警訊，**把危機化為轉機呢？**

我呼籲：**政黨請別用政治介入學術，學校請嚴守校園中立別當黨校。**我知道政黨需要青年選票，但應該用合適的方法在合適的地點去爭取票源；我知道學校也需接觸政界以利募款或取得資源，但請切記教育、行政不中立可是違法的行為——**知法犯法的大學，教不出奉公守法的學生；知法犯法的政黨，當不成依法行政的政府。**

講述白色恐怖時期的國片《返校》有句經典臺詞：「總得有人活下去，記得這一切有多麼得來不易。」我著書時也想說：「**總得有人寫下去，記得這一切有多麼荒謬至極。**」本書盡可能地把這五年來政治影響大學校園之案例一一羅列，**讓歷史記住而不遺忘這些年來發生在高教場域之事，不醜化也不偏袒任何政黨**，裡面牽涉到的政黨恰好囊括現在立法院的所有黨團：（依創黨時間順序）中國國民黨、民主進步黨、時代力量、台灣民眾黨，我衷心盼望：中國國民黨應謹記歷史教訓，勿讓戒嚴時期政治力影響乃至控制校園的情形重演；民主進步黨應找回創黨初衷，落實黨外之追求大學自治、學術獨立的民主理念而避免「屠龍者淪為惡龍」的悲劇；時代力量既然強調轉型正義，自應了解威權時期政治介

黨校化危機

大學校方與學生自治
面對政治力滲透與介入的挑戰

入學術之可怕而避免有己身類似舉措；台灣民眾黨自我標榜「愛鄉土」，更應避免政治影響教育以維護大學自治與行政中立。

校方別「政教不分」，而學生會也別「黨會不分」！因此我同樣呼籲：**學生自治應該回歸本質，莫忘「代表全體學生」之誓言**。我尊重每個人的政治傾向與職涯規劃，但如果你**真想要從事學生自治，請把它當服務學生的志業，而不是未來從政的跳板**。政黨或校內政治性學生社團可以集中單一立場來支持特定的候選人勝選，而你可以自由加入或退出這些團體來選擇是否支持他們的主張；但是不論是作為強制不分黨派的國民納稅、以服務全體國民為宗旨的政府，或是強制不分黨派的同學入會、以服務全體同學為宗旨的學生會，不該獨厚甚至只有一種黨派的聲音。

臺灣絕不該有「黨立大學」之存在，最後鄭重聲明，我在此時寫書與出書的目的，從來都不是為了要大家在幾個月後就要到來的 2024 年初總統大選支持或反對特定的政黨或候選人（我真心希望該書別被有心人士用於不當政治操作），而是希望大家珍惜大學自治與學術自由得來之不易，畢竟臺灣從威權到民主，國人已體認人權法治並非從天而降，而是無數前輩流汗、流淚甚至流血才奮鬥而來。

2023 年 4 月

番外篇
（一）寫一首學生自治諷諭詩

《同學們只需被學生會代表》

黨控制了全國學聯[a]，全國學聯控制了學生會
黨控制了共青團[b]，共青團控制了學生會
黨國合爲一體，政治無所不在
黨證無敵，側翼橫行

當政治佔領校園，那無知就是力量[c]
主任師長邀入黨，考試升學有保障
學術不需要自由[d]，這是純正的黨校
行政不需要中立，這是純正的黨校

學生會代表同學，眞理部[e]誠徵部員
職業學生[f]遍會內，政治表態跟黨走
學生不需受傾聽，他們只需被代表
學生不需會思考，他們只需被代表

聲援白紙革命，即興寫詩一首
只有抗中保台，絕無以中諷台[g]

**黨校化
危機**　大學校方與學生自治
面對政治力滲透與介入的挑戰

內容簡述：

　　這是 2022 年 12 月自己做的一首學生自治諷諭詩，表面上在諷刺中國的黨國體制在校園，中共利用直屬黨內青年軍（共青團）與所謂側翼「學聯團體」控制各大學學生會，把每個學術殿堂都染上政治色彩而成「黨校」，會不會這種事哪天也變相發生在臺灣呢？

附註：

a. 全國學聯：「中華全國學生聯合會 [66]」在中國的簡稱，該學聯團體是中國共產黨領導下的中國高等學校學生會、研究生會和中等學校學生會的聯合組織。

b. 共青團：「中國共產主義青年團」在中國的簡稱，作為中共的青年軍，該團在全中國所有大學、中學裡都有設置其組織，在學校裡的共青團組織往往領導著學生會，並與學生會並稱為「團委學生會」。

c. 無知就是力量：靈感來自小說《一九八四》[67] 裡一黨專政的極權國家執政黨口號：「戰爭即和平，自由即奴役，無知即力量！」**這裡的「無知」可以是指校內教職員生對特定政黨、政治人物或意識形態的盲目或狂熱的追隨與崇拜。**

d. 學術不需要自由：靈感來自中國歌手李志於 2006 年發行之專輯個人音樂專輯當中收錄了《人民不需要自由》一曲，該曲現已被中共當局列為禁歌。

e.（學生會）眞理部：學生會通常設有相關部會作爲一級行政機關如活動部、財務部、公關部等，「眞理部」靈感來自小說《一九八四》裡一黨專政的極權國家政府部門，這個部門的處理事務與部名截然相反，以專制人爲地強行僞造「眞理」，專門洗腦宣傳和做假新聞以利當局統治需要。

f. 職業學生：指獨裁政府安插在校園內，以在普通學生的身份作爲掩飾，來收集校園內的反政府言論、監視異議師生，並配合政府進行政治工作的特務人員。

g. 絕無以中諷台：本詩僅爲描述中國的校園與學生會受政黨控制的現象，絕對/應該/好像沒有任何對於台灣學生自治圈的潛在影射，如未來台灣也雷同於中國則純屬巧合。

（二）我的大學珍藏：梅竹賽 清交情

　　2023 年 4 月 8 日交大日，一年一度的老梅竹（校友版梅竹賽[68]）開打，不過，今年有些不一樣——本屆多了一項賽事叫象棋賽。其實，清交兩校象棋社社史悠久，校友棋士眾多，但卻長期是老梅竹中唯一沒有開打的梅竹賽正式賽項目，其他如排球、棒球、羽球、桌球、橋藝、籃球、網球等梅竹賽正式賽項目都能在老梅竹看到。我想我應能這麼說：**「一件事的成功都是因爲背後有許多人的默默努力。」**

　　去年年初，我首度想讓老梅竹新增象棋賽的想法很快獲得兩校棋社社長一致支持；去年 5 月 5 日，我與兩校棋社社長磋商洽談、招募校友代表並擔任兩社團共同致函委託人向兩校校友會申請；今年 1 月 4 日，2023 老梅竹隊長會議確定

新增象棋賽事；4 月 8 日，**首屆老梅竹象棋賽在交大校區舉辦，夢想成了現實**。誠如十年前已故的臺灣戲劇泰斗李國修所言：「**人一輩子能做好一件事，就功德圓滿了。**」

我深愛梅竹，而我當過梅竹賽象棋（棋藝）項目的幾乎所有角色——選手、記譜員與裁判。2021 年辛丑梅竹風波，當清大在幾乎所有的正式賽棄賽時，象棋是唯一一個能持續正常開賽的項目，清大象棋社當年毅然頂住上面壓力的舉動，這份情我永遠點滴在心。**不論是梅竹賽事還是平時友社拜訪，與清大象棋社在對弈交流讓我真正體會到何謂「以棋會友」、運動家精神。賽後的晚宴，兩校卸任與現任棋社成員齊聚，大家不分清大還是交大、不分學長還是學弟、不分畢業還是在學，坐在一起享用佳餚、暢談當年自己在棋社與參加梅竹賽的風采，為本屆老梅竹畫下完美句點。**

1　「校長有約」談梅竹賽...林校長耍了嘴皮、輸了風度

因此，當去年 4 月本校校長林奇宏在交大校區「校長與學生有約」當著在場數十人包含行政主管及與會學生的面，脫口將清大獲勝（梅竹點數_陽明交大：清大=4.5：5.5）說是因「我們『讓』他們的」之時，我真的感覺**陽明交大可以輸掉比賽，但不該連風度都輸掉了——林校長的「放水說」戲言真正傷害的是那些在梅竹全心投入比賽的陽明交大選手們，徒給人「輸不起」的負面印象。**結果，今年梅竹點數呈現「陽

黨校化
危機

大學校方與學生自治
面對政治力滲透與介入的挑戰

明交大：清大=3：7」，本校輸得更多。

　　其實，**清交兩校雖然因校地、學生人數、科系背景相近而不時有「瑜亮情結」，兩校在對方遭遇患難時也常看到來自「『隔壁友校』的聲援」**——最經典的，莫過於 2021 年 9 月的 110 學年度新生開學之際，陽明分會製作之陽明校區新生手冊封面標題將校名之「交通」字樣縮小引發交大人強烈反彈（上方左圖），包含讓身為交大人的我非常不滿這樣涉嫌矮化交大與破壞「對等合校」原則（陽明分會平常最愛將此原則掛在嘴邊）的冒犯羞辱（在學代會群組的所有交大學代中也只有我「敢」直接表達這讓我感到非常不舒服），其後陽明學生會對交大師生發表致歉聲明，而交通分會也展現風

度接受歉意，而當下有清大學生改編陽明分會的新生手冊來聲援交大（上頁右圖），實在令我感到格外窩心與會心一笑。

2 學生自治需「除魅」不搞造神才能深化校園民主

當然，真正讓我無法接受的是交大學聯會曾出現一位非常不適任的梅諮（梅竹賽諮議委員，梅諮開會時他時常找別人代理而不親自出席，現已畢業而改唸臺大）——我還曾幫他不少忙如提出修正議事規則第九條來給他提案方便。他在中央學代會刻意誤導不了解梅竹賽的陽明分會學生代表稱「開梅諮就是去跟清大吵架的」（我跟陽明分會的立場再有不同也不會說開學代會就是去跟陽明吵架的），來挑撥破壞陽交和清華兩校的關係——我不否認有時兩校梅諮確實會有爭執，但 2023 年癸卯梅竹非常順利且圓滿的舉行，連新竹市長高虹安也到場致詞開幕式，經與學聯會長詢問也確認兩校梅諮沒有爭執，更證明他的這段蓄意以偏概全的話對梅諮乃至整個梅竹本身是多麼大的中傷。

目前梅竹賽都是由陽明交大學生會中央總會委由交大學聯會與清大學生會共同辦理，以我在交大議會的經驗，如果僅是單一屆要停辦（或改辦友誼賽），只要本校梅諮間有共識，原則上議員們都會尊重，但如果要長期甚至永久停辦這種極重大絕非兒戲的事，至少都應該要經議會做充分討論與溝通才做決定（甚至需跟體育室、學務處溝通以免造成對方

困擾雖然校方原則上都會尊重學生自治端的作法），然而，他卻在校版匿名社群平臺不負責任地放話說要在梅諮提案永久廢掉梅竹（別詭辯，這就是在放話！），我和不少同學都大感震驚與不滿。

雖然學生會內部知道那是他個人的意見，但會外有些不了解學生自治內部運作的校內同學會誤以為那個放話是整個學生會的立場，無形中也破壞了學生會與同學的關係——「自作主張而不與學生會溝通，然後傷害學生會的形象」，以他動輒汙衊政敵的說法之標準來檢視，難道不正恰好反襯自身的不當行為？連兩校火力班比賽時無論如何激情對決，在賽後都能共同大喊「清交雙贏！」。他對外還自豪整個學聯會彷彿只有自己敢喊梅竹永久停辦來證明他天不怕、地不怕，卻絲毫不去深思為何梅竹無論有再多紛爭就是沒人願意因此停辦的原因——吵歸吵，但大家還是很愛梅竹啊！

遺憾的是，由於他的位高權重、黨羽眾多及網路聲量，即便他身為梅諮對於梅竹賽的不當言行、愛謀劃政爭黨同伐異想鬥掉他看不順眼的分會長或議員險些得逞、身為研究生卻硬填限定大學部的會議學生代表席次而被我抓包後還說「我是填好玩的」、在學代會意氣用事搞退群以行情緒勒索、極不尊重我作為交大議會依法推派之校級會議學生代表並斷章取義本人言論以醜化之，依然可很偽善地一再掛嘴邊說「陽明交大需要更多的理解與包容」（我想本校真正的包容應該包含有一天在校務會議學生代表會前會上不會有人高聲說出「我們的教師沒有像某些交大的教師那樣『保守』」，

優越感是合校最不該有的東西)。

在他離任議員的最後一次議會常會上,在會中公務場合各種令人肉麻的歌功頌德不絕於耳,還有人起鬨說要在交通分會《法規彙編》的會史特地吹捧他並寫讚辭,學生自治公器竟然淪為個人造神場域彷彿是專為其量身打造,那上述他這些罄竹難書的劣跡是否也要寫入會史?這跟某群人把學生會當個人意識形態傳聲筒實屬一丘之貉。終於,看不下去的我當場提議何不動用學聯會費替他蓋座銅像放在會辦門口?我相信,民主的深化便是建立在「除魅」(Disenchantment)的基礎上,學生自治理當是校園民主的一部分,民主最不該的就是搞個人崇拜與造神運動。

某些人的行徑帶給我的借鏡是,不能因為那是與你不合的人,其關注的事在你眼中都是「瑣事」(想起知名本土政治幕僚職人劇《人選之人—造浪者》金句:「**即便是這些很小很小的事情,都跟臺灣的未來一樣重要。**」),而你自身 focus 的事就是「大事」,以及不要動輒拿「自己是為同學好」來合理化個人情緒化等不當行為、**不要動輒拿「大局為重」要求權益被影響與犧牲的族群必須一律忍氣吞聲,或是推行學生會政策時切莫不顧及同學們的心理感受而以「統治者心態」把其視為須理所當然地接受**;另外,我衷心希望學生議會對於財務切莫「雙標」,不該對於社團補助款項就從嚴審查甚至近乎苛求,對於行政部門預決算案不時發生之一切不合法規爭議就因視為交通分會「自己人」而屢開後門,何況學聯會相比於其他交大社團享有更多的權力與資源,理應作

各社團的表率才是。**實務經驗帶給我的反思是希望學生會在處理事情時，應優先考慮並實施校內諮詢、溝通解決機制，要是不行才再來審慎評估是否找教育部等相關上級機關介入處理，「越級行事」往往會給學生會及校方的關係帶來不小的傷害。**當然，我在學聯會非聖人也曾犯過錯，甚至為此付出代價並致歉。

最後，期待不久的將來，我能以校友身分參加老梅竹象棋賽，再續兩校情誼。

註釋與參考資料

1. 房間裡的大象（Elephant in the room），維基百科
https://zh.wikipedia.org/zh-
tw/%E6%88%BF%E9%96%93%E8%A3%8F%E7%9A%84
%E5%A4%A7%E8%B1%A1

2. 林少軒，《踏入學生自治的世界: 學生會理念與實務筆記》，白象文化，2010 年

3. 林智堅論文抄襲案，維基百科
https://zh.wikipedia.org/zh-
tw/%E6%9E%97%E6%99%BA%E5%A0%85%E8%AB%9
6%E6%96%87%E6%8A%84%E8%A5%B2%E6%A1%88

4. 〈誰上了「抄跑」這台失智列車？〉，臺北市議員徐巧芯團隊整理，2022 年 8 月
https://docs.google.com/spreadsheets/d/135xUnlwU0Oi7J_
pT8pLAnJ8gZ-Avj4mc/edit#gid=415781796

5. 《促進轉型正義委員會任務總結報告第二部 探求歷史真相與責任的開端：壓迫體制及其圖像》，2022 年 5 月 27 日，第 145-162 頁

黨校化
危機

大學校方與學生自治
面對政治力滲透與介入的挑戰

https://gazette2.nat.gov.tw/EG_FileManager/eguploadpub/eg028098/ch01/type7/gov01/num2/images/Eg03.pdf

6.〈幫高虹安道歉片「上字幕」遭出征！中華大學學生會無奈回應了〉，ETtoday 新聞雲，2022 年 9 月 21 日
https://www.ettoday.net/news/20220921/2343101.htm

7.臺灣省籍情結，維基百科
https://zh.wikipedia.org/zh-tw/%E8%87%BA%E7%81%A3%E7%9C%81%E7%B1%8D%E6%83%85%E7%B5%90

8.《國立陽明交通大學學生會交通分會 110 下會期法規彙編》（2022 年 11 月 18 日），全文網址：
https://drive.google.com/file/d/1Y-ZHUO3H_WC3poXgwc0arP1LovD2WN1U/view

9.〈交大首個學生會：南洋公學學生分會〉，上海交大校史網，2018 年 3 月 20 日
https://sjtuhistory.sjtu.edu.cn/info/1011/1481.htm

10.管中閔、楊渡，《大學的脊梁：臺大校長遴選事件與管中閔心情記事》，時報文化出版，2023 年

11.〈臺大新任校長管中閔：臺大即將重新出發，即日起不參加任何政黨黨派活動〉，風傳媒，2018 年 1 月 5 日
https://www.storm.mg/article/381733

12.〈臺大校長管中閔遴選爭議 民進黨、時力主張：疑義未釐清不得聘任〉，風傳媒，2018 年 1 月 24 日
https://www.storm.mg/article/390029

13.〈居心叵測？1 月 31 日遴選委員會 教育部 3 名代表僅姚立德出席〉，中時新聞網，2018 年 2 月 27 日
https://www.chinatimes.com/amp/newspapers/201802270
02669-280305

14.臺大研究生協會臉書粉專，2018 年 2 月 8 日
https://www.facebook.com/NTUGSA/posts/pfbid0P21ni8
QrFphWVijwNukMvCn6bZcoNv8TVKZxUJtHefmxhB2c
Tywr3LcTFuPUadwGl

台灣大學研究生協會
2018年2月8日 · 🌐

關於校長遴選爭議，台大研協與千名以上師生、校友共同呼籲：

(1)教育部應本於職責監督台大校長遴選過程是否合法、是否合於程序正義，

(2)在爭議未釐清前，教育部不應核定台大校長遴選結果，

(3)召開臨時校務會議，解散遴選委員會，回歸大學自治，

(4)近年公私立大學校長遴選弊端叢生，教育部應對遴選程序進行全盤檢討，提出健全合理的選舉方式。

此外，研協特別呼籲，校長遴選相關爭議已經不只是制度面的困境而已，也是未來台大到底是作為真正台灣的高等教育中心、學術研究重鎮，抑或只是一個另類企業附屬人才培訓中心的路線問題，

https://newtalk.tw/news/view/2018-02-06/113414

NEWTALK.TW
台大校長爭議 一千位師生連署要求召開校務會議不得核定校長人選 | 政治 | 新頭殼
Newtalk

15. 國立臺灣大學 106 學年度第 2 學期第 1 次臨時校務會議紀錄，臺大秘書室，2018 年 3 月 24 日

https://sec.ntu.edu.tw/administration_106-2-1-1minute.html

16. 臺大學代會臉書粉專，〈106-2 會期臺大學代會校務委員會 校長遴選爭議聲明〉，2018 年 5 月 5 日

https://www.facebook.com/NTUStudentCongress/posts/pfbid0w7cMS3GF5oTxGMoGG1ry455Px4dYrfY1DacJBzKASfnKnpHPFd7sNn4mRn4WdEgwl

臺大學代會 NTUSC
2018年5月5日 ·

【106-2 會期臺大學代會校務委員會 校長遴選爭議聲明】

一、相關說明

此聲明經本會校務委員會，2018 年 5 月 1 日第二次會議決議，部分委員作成聲明如下。

二、聲明全文

「校方勿為一時之爭，犧牲上萬學生權益」

針對教育部不予聘任管中閔教授擔任本校校長一事，學生代表大會校務委員會要求校方立即 #重啟遴選程序，勿讓學生成為此次事件最大受害者。

本校自宣布管中閔教授獲選為校長後，爭議不斷，質疑其在進程上、法律上是否適合接任本校校長。上月底教育部正式宣布拒絕聘任，更激起社會氛圍對立，臺大儼然成為 各方角力的中心點，抗議活動四起。針對大學自治範疇、獎金兼職等問題等也有激烈的排擠。臺大行政單位亦聲稱將依司法程序救濟。然而本會認為在這場鬥爭、角力下，大學的核心組成——學生卻被犧牲了。無止境的代理校長治校，我們只能大喊：「夠了！」

回首這一年，曲棍洋池前校長卸任後，代理校長因對學權議題，往往消極其代理身份，拒不做出重大決策，導致校務停滯。高度爭議的獨冒壹主任該正男人事案恐而未決，這以慢地使用規則仍不利於學生，新宿舍建設案的規劃設計停滯，讓我們不知道近年 學生生不到隔會的狀況何時能解決。規劃多年的人文大樓遲遲蓋不起來，文學院的同 學不僅活動空間不足，連幼年久失修要使學生面封諸如天花板隔著......等潛在風險，類似的事情屢見不鮮，早已非一份聲明能全部寫明。我們只能眼睜睜看著學權益持續受到侵害，卻因「代理」而無法解決。

可惜本校當權者卻不願正視「代理」所生的各式問題，在未徵詢教職員工生意見的情況下，執意要用司法解決對教育的不滿。然而本案相關爭議，其結不能否認教育部的 處置具有一定法理上的基礎;目前法院類似案件的判決也與校方主張相異[1]。校方未來若被迫進入行政救濟程序，可以預料會是一場硬仗，更可能耗時兩年以上才能得到最 終結果。縱使校務會議給予代理校長一定權限，仍會因為任期無法確認，而難以規劃中、長期的校園方針。顯見一旦進入司法程序，臺大學生的權益將受到不可避免的侵害。

大學時光是同學們人生最精華的一段時間，裡盡應務充分地展現自己、尋求人生的方向，然而進入司法程序之後，兩、三年內將有五萬名以上臺大學生受到影響，忍受校務的停滯不前。校方高層減著氣氛、憤怒，不能委屈，可是學生在這場爭議中註定了「只能委屈」。我們不捨當在同學們遇到問題時，只能拍拍肩膀，請他們共體時艱。

為喚醒有仁慈之心，切勿為一時之爭，置上萬學生於水深火熱之中。本會要求校方應將學生利益擺在第一位，放棄訴訟、重啟遴選，選是「學生退出校園」正是臺大高層的心聲?

備註[1]:

針對成功大學蘇慧真校長遴選結果是否無效一案，高雄高等行政 105 年度訴字第 74 號 判決認定遴選委員會之決定是提供教育部作為參考用，因此最終應由教育部判斷是否聘任，換言之教育部可以決定該位被推薦的人選是否適當。

三、連署人

臺大學代會 議長 周安震、副議長 張嵒璿、文學院學生代表 林儀、文學院學生代表 王作城、文學院學生代表 楊宇倫、生農學院學生代表 徐垣達、生農學院學生代表 鄭正頤、生農學院學生代表 龔政軒

2018年05月05日公告

大學校方與學生自治
面對政治力滲透與介入的挑戰

17. 臺大學代會臉書粉專，〈臺大學代會部分學生代表針對校長遴選聲明〉，2018 年 8 月 3 日

https://www.facebook.com/NTUStudentCongress/posts/pf
bid02sy7sJACgLyAV5orEDu163BREft3MsCa3TzEhSib4
VENoqLuY58UrA8uxiavktVhHl

 臺大學代會 NTUSC
2018年8月3日 · ⊙   •••

【台大學代會部分學生代表針對校長遴選聲明】2018.8.3

台大校長遴選委員會昨日發表聲明，再次表示本次校長遴選「無明顯重大瑕疵，適法有據」，並呼籲教育部儘速聘任管中閔教授為新任校長。教育部長葉俊榮，上任以來，也多次以「有溫度的溝通」、「第三條路」為名，與多位遴選委員進行私下溝通。

然而，自今年1月5日遴選結果公告以來，許多程序瑕疵陸續被揭露，包含候選人與遴選委員間利益未迴避、兼職未符程序等。台大在今年 3 月 24 日召開的校務會議中，對本案相關的議案全部擱置不處理，拒絕面對爭議；在5月12日的校務會議，對於法律評估意見之不理，提案要求教育部盡速聘任；面對教育部來函，亦拒絕重啟遴選，也不開會，僅透過委員會內發送電子郵件請其他委員回覆同意與否，並對外發聲。面對外界質疑，僅不斷以「大學自治」做為口號，召喚群眾並做政治訴求。

此外就法規而言，教育部為校長人事處分權的權責單位，有適法性監督遴選程序是否合法與正當之義務，憲法第一六二條賦給予國家監督公私立教育機關之權責，大法官會議第五六三號釋字中也指出憲法所保障之「大學自治」，範疇包括教學、研究等學術自由，而非做為自外於法治與社會監督的遁詞。

我們呼籲遴選委員會盡速重啟遴選以解決爭議，並重視在遴選程序與過去半年的爭議之中，最缺乏聲音的學生。教育部應遵循過去半年的立場與法律意見，秉持對於台大校長遴選結果的適法性監督，而非私下協商，棄公共性於不顧。本次校長遴選爭議，透露出的不只是許多程序的瑕疵，更反應出既得利益者與既有結構穩固的校園，和拉幫結派，卻不願確實面對爭議的態度。希望台大的新校長，可以透過合法、正當的程序選出，並在過程中，重建民主且負責的面對公共事務的態度，也讓台大成為所有師生的校園，而非被少數掌權者把持的空間。

文學院：凃峻清、楊宇倫、王作城(任期至2018/7/31)
理學院：賴政瑋、許軒瑋(任期至2018/7/31)、王祥恒
社科院：黃芝庭、葉苹均、李承浩
生農院：鄭芷穎
管理學院：潘儒鋒
法學院：游哲綸、黃脩閔
電資院：黃莉晴、鄭景平

18. 臺大學代會粉專，〈臺大學代會校務委員會緊急聲明〉，
2018 年 12 月 25 日
https://www.facebook.com/NTUStudentCongress/posts/pf
bid0SE7GSi7v3Ao84RPLA2GPvL539x9fLPtWFmjw7QS
YpqurvCP9p8AsAA5UtmKBCfHHl

 臺大學代會 NTUSC
2018年12月25日 · 🌐

【台大學代校務委員會緊急聲明】

12/24下午3點，教育部長葉俊榮正式宣佈，「勉予」意聘任管中閔教授擔任台大校長。同時要求台大針對此次遴選過程中所產生的程序上瑕疵、爭議，包括教師兼職多數不合乎規定等問題，加上行政部門怎麼支援遴選委員會辦理遴選，以及遇有這樣瑕疵的時候學校該如何處理，於3個月內全盤對外界說明並向教育部報告。

對於教育部口中「勉予」同意的背後，是否代表教育部真認為遴選程序具有瑕疵，只是考量台大師生500多天無正式校長的「不利益」，還是因為選舉失利，不再捍衛教育部過去對於管案的法律立場。又台大校方已循訴願、訴訟途徑，雖過去教育部消極不予抗辯，但在行政院訴願決定可以釐清許多爭議的情況，為何葉俊榮棄守行政救濟途徑逕自聘任管中閔？

遴選案戳破了過去大學法、遴選辦法維護大學自治、依法行政的美好想像，更凸顯台大內部自我監督、課責能力與制度的不備，不進行調查、對外釋疑的消極態度也不禁讓人懷疑遴選程序中究竟發生何等無法攤在陽光下的事。尊重大學自治，儼然成為不同立場者各取所需的護身咒，更成為台大掩飾遴選瑕疵的遮羞布，而校內互相護短的風氣，也一再強化，遴選制度的荒謬從沒有檢討，任由遴選委員會不斷自我主張其正當性與合法性。

管中閔在程序爭議、利益迴避、兼職爭議、學倫議題上，從未正面回應，今天監察院的約詢也避不出席，但卻可以四處演講助選，面對爭議從不說明的態度，令人困惑如何能適任台大校長？而學生會面對違法爭議，只表示尊重決議，並監督其政見是否完成並檢視校園議題，實則直接投降，棄守立場，希冀未來可能的校長「好好照顧」。

上級機關當然可以撤銷下級機關的違法決議，我們呼籲學生自治組織，應該繼續捍衛法律，站在學生這一邊，而非開始算計之後的退路；行政院也應撤銷教育部的違法決議，不要假「表示意外」、真「實質放水」。

黨校化危機 大學校方與學生自治
面對政治力滲透與介入的挑戰

19. 〈曝總統官邸會議記錄　李艷秋：可以看出蔡英文的人格作風，讀來讓人不寒而慄！〉，風傳媒，2020 年 1 月 6 日
    https://www.storm.mg/article/2149164

20. 賀德芬臉書，2019 年 1 月 5 日
    https://www.facebook.com/permalink.php?story_fbid=pfbid0SsZtkDzcUCgXvRr1WXj6LAMZYYH7gXMMxhExAqJaPB6mx2bSQGkRzdez8KtbJV2al&id=100000599018754

21. 〈卡管案說「不死也半條命」柯建銘遭列恐嚇案被告〉，聯合新聞網，2023 年 3 月 24 日
    https://udn.com/news/story/7321/7053321

22. 〈吳澧培、彭文正今再加告管中閔 告涉偽造文書、臺大涉及圖利罪嫌〉，新頭殼，2018 年 3 月 23 日
    https://newtalk.tw/news/view/2018-03-23/118419

23. 賀德芬，《大學之再生》，時報文化出版，1990 年

24. 〈臺大新校長出爐／跌破外界眼鏡 郭大維敗在被貼政治顏色〉，聯合新聞網，2022 年 10 月 8 日
    https://udn.com/news/story/6928/6670996

25. 〈臺大學生直球提問「中國攻打台灣」這2校長候選人：戰到最後〉，自由時報電子報，2022年9月14日

    https://news.ltn.com.tw/news/life/breakingnews/4058365

26. 〈臺大校長決選在即 遴選委員籲郭大維辭去鴻海獨董〉，自由時報電子報，2022年10月5日

    https://news.ltn.com.tw/news/life/breakingnews/4079520

27. 〈臺大校長遴選今天投票 在台香港青年要求郭大維回應反送中〉，自由時報電子報，2022年10月7日

    https://news.ltn.com.tw/news/life/breakingnews/4081925

28. 〈郭大維代理校長受訪談高教： 尊重大學自治，學術才能自由〉，臺大校訊官網，2018年12月31日

    https://sec.ntu.edu.tw/epaper/article.asp?num=1377&sn=16750

29. 林智堅之碩士學位論文《三人競選之中槓桿者的政治社會基礎及其影響:以2014新竹市長選舉為例》（2017年1月出版）已遭臺大學倫會認定為抄襲，並在國家圖書館臺灣碩博士論文知識加值系統被下架，全文內容網址：

    https://drive.google.com/file/d/1oriNArQLeeMFwU6Yo2Rs05MjSg1DfJ8I/view

大學校方與學生自治
面對政治力滲透與介入的挑戰

30. 余正煌之碩士學位論文《2014 年新竹市長選舉研究：林智堅勝選的政治社會基礎》（2016 年 7 月出版）之國家圖書館臺灣碩博士論文知識加值系統：
https://hdl.handle.net/11296/89kdch ，全文內容網址：
https://drive.google.com/file/d/1fV-
VLgj9K36jvCtSID4ljQk3wS0XUtgL/view

31. 〈國發所學生會聲明出大包「這字」竟寫錯 網笑：教育部要改辭典了〉，中時電子報，2022 年 7 月 8 日
https://www.chinatimes.com/realtimenews/202207080000
96-260405?chdtv

32. 〈未對論文門表態網友質疑「是綠色」臺大學生會一句話引戰〉，中時電子報，2022 年 7 月 28 日
https://www.chinatimes.com/realtimenews/202207280030
78-260405?chdtv

33. 〈余正煌喊提告 林智堅嘆：太不厚道，是非可這樣顛倒？〉，上報，2022 年 8 月 9 日
https://www.upmedia.mg/news_info.php?Type=24&Serial
No=151327

34. 臺大學生會臉書粉專，〈臺大學生會、研究生協會關於近日學術倫理事件之共同聲明〉，2022 年 8 月 13 日

https://www.facebook.com/NTUSA/posts/pfbid02coDJc2f
QdeiyqDr5EKGJDeuEtp6KiVCgD8wB7vN91j9Mrj9Ueud
r42e7aot846fjl

35. 林智堅臉書粉專，2023 年 2 月 14 日
https://www.facebook.com/taiwango0527/posts/pfbid0296
d7bpPyE8SuwgwNQLewNtjsfXXya6FtqggkLU88AQRpY
FaTPvQpPPdZRuTsbYarl

36. 〈小蝦米對大鯨魚的官司——談余正煌自訴林智堅案的關
鍵問題〉，蕭雄淋律師的部落格，2023 年 1 月 30 日
https://blog.udn.com/2010hsiao/178209911

37. 「臺教法（三）字第 1110094222 號」訴願決定書，2023 年
1 月 19 日
https://appeal.moe.gov.tw/hope_view.aspx?cid=111090025

38. 民進黨官網闢謠專區：
https://www.dpp.org.tw/anti_rumor

39. 黃國昌臉書粉專，2019 年 3 月 10 日
https://www.facebook.com/kcfor2016/photos/a.44978710
8536869/1133491790166394/

黨校化
危機

大學校方與學生自治
面對政治力滲透與介入的挑戰

40.〈本校重申行政中立原則〉，臺師大官網，2019 年 3 月 11
日

ttps://pr.ntnu.edu.tw/news/index.php?mode=data&id=182
27

41.賴彥丞，〈陽明交大——頂大校長與黑金政治的距離〉，
新頭殼／讀者投書，2022 年 12 月 21 日

https://newtalk.tw/citizen/view/59402

42.《國立陽明交通大學學術倫理案件處理要點》全文

https://oaeri.nycu.edu.tw/wp-
content/uploads/%E5%9C%8B%E7%AB%8B%E9%99%
BD%E6%98%8E%E4%BA%A4%E9%80%9A%E5%A4%
A7%E5%AD%B8%E5%AD%B8%E8%A1%93%E5%80%
AB%E7%90%86%E6%A1%88%E4%BB%B6%E8%99%9
5%E7%90%86%E8%A6%81%E9%BB%9E1110525.pdf

43.〈柯建銘質問交大校長「可以這樣嗎」她批：坐實民進黨
政治干預〉，中時新聞網，2022 年 9 月 9 日

https://www.chinatimes.com/realtimenews/202209090010
91-260407?chdtv

44.〈親上火線挺林智堅 柯建銘籲政治不要介入校園〉，聯合
新聞網，2022 年 7 月 8 日

https://udn.com/news/story/6656/6446789

45.〈論文涉抄襲 林耕仁陽明交大碩士學位被撤銷〉，自由時報電子報，2022 年 12 月 28 日
https://news.ltn.com.tw/news/politics/breakingnews/4167968

46.〈違反行政中立？候選人競選車進校園 陽明交大：已請警衛留意〉，自由時報電子報，2022 年 11 月 2 日
https://news.ltn.com.tw/news/life/breakingnews/4109931

47.〈交大校友回娘家：林耕仁後疫情產經政策獲專家及科技人相挺〉，lifetoutiao 民生頭條，2022 年 11 月 25 日
https://www.lifetoutiao.news/114972/

48.據傳有陽明交大師生在交流座談會後喊「候選人加油」，截圖自林耕仁臉書粉專（2022 年 11 月 24 日）
https://www.facebook.com/linkenjeng.tw/posts/pfbid02BmozZosiSSaJyUsqV6X6SPDFMDoVQVHK5ij7uKgnacQGLNxjax3ZifnPhMLokUbYl

49.〈民進黨公投說明會首站選中央大學爆爭議！ 陳學聖列校規控：政治不得進校園〉，中時電子報，2021 年 10 月 28 日

https://www.chinatimes.com/realtimenews/202110280008
32-260407?chdtv

50.〈政治介入校園？民進黨辦活動 央大幫宣傳〉，TVBS 新聞網，2021 年 10 月 28 日
https://news.tvbs.com.tw/politics/1620276

51.〈【政黨入校園】綠找大學辦政治營 限黨員還送證書稱「學歷更加分」〉，上報，2021 年 11 月 8 日
https://www.upmedia.mg/news_info.php?Type=1&SerialN
o=129200

52.圖取自楊植斗（現為臺北市議員，黨籍：中國國民黨）臉書粉專
https://www.facebook.com/tepdj/photos/a.1457771438460
55/407711677652599/

53.立法院第 10 屆第 4 會期教育及文化委員會第 8 次全體委員會議議事錄
https://www.ly.gov.tw/Pages/Detail.aspx?nodeid=45123&
pid=215230

54.〈民進黨找台北大學辦政治營 蘇貞昌也打臉「確實不妥」〉，上報，2021 年 11 月 15 日

https://www.upmedia.mg/news_info.php?Type=24&Serial
No=129699

55.〈檢討大學與政黨合辦活動 立院刪教育部預算 500 萬〉，
中央社，2022 年 1 月 24 日
https://www.cna.com.tw/news/aipl/202201240115.aspx

56.民進黨黨綱，取自民進黨官網
https://www.dpp.org.tw/upload/download/%E9%BB%A8
%E7%B6%B1.pdf

57.〈黃珊珊入校辦競選活動惹議 北市大：檢討改進〉，聯合
新聞網，2022 年 9 月 25 日
https://udn.com/news/story/122682/6639108

58.許育典，《大學法制與高教行政》，元照出版，2013 年

59.臺灣臺北地方法院行政訴訟判決 111 年度簡字第 46 號
（2023 年 3 月 13 日）
https://judgment.judicial.gov.tw/LAW_Mobile_FJUD/FJU
D/data.aspx?ty=JD&id=TPDA,111%2c%e7%b0%a1%2c4
6%2c20230310%2c3

60.〈何謂「公法人」?〉,臺北市政府法務局官網
https://www.legalaffairs.gov.taipei/News_Content.aspx?n
=B1F741B7C97A25D7&sms=87415A8B9CE81B16&s=0
1A177715CE07EC3

61.釋字第 467 號解釋文,司法院官網,1998 年 10 月 22 日
https://cons.judicial.gov.tw/docdata.aspx?fid=100&id=31
0648&rn=-13748

62.最高法院 109 年度台上字第 3695 號刑事判決(2021 年 1
月 18 日)
https://www.tps.moj.gov.tw/media/240565/%E6%9C%80
%E9%AB%98%E6%B3%95%E9%99%A2109%E5%B9%
B4%E5%8F%B0%E4%B8%8A%E5%AD%97%E7%AC%
AC3695%E8%99%9F%E5%88%91%E4%BA%8B%E5%8
8%A4%E6%B1%BA.pdf?mediaDL=true

63.覺青(覺醒青年),維基百科
https://zh.wikipedia.org/zh-
tw/%E8%A6%BA%E9%86%92%E9%9D%92%E5%B9%B4

64.美國國務院國際資訊局出版物網站「民主簡介」部分之〈民
主的特性〉章節,強調民主社會必須重視包容、合作、妥
協的價值

https://web-archive-
2017.ait.org.tw/infousa/zhtw/PUBS/DemocracyBrief/char
acteristics.htm

65.交大學聯會（陽明交大學生會——交通分會）粉專「十八
歲公民權修憲複決案」貼文，2022 年 11 月 23 日
https://www.facebook.com/NYCUSACTCampus/posts/pfb
id0jCK2ariA2FhCL5vdTAHmQtZhmigFSxHXqJtoQ8cAP
tDVQWVb5UoQ9GfzMEJfDpu11

66.中華全國學生聯合會，維基百科
https://zh.wikipedia.org/zh-
tw/%E4%B8%AD%E5%8D%8E%E5%85%A8%E5%9B%
BD%E5%AD%A6%E7%94%9F%E8%81%94%E5%90%8
8%E4%BC%9A

67.《一九八四》，維基百科
https://zh.wikipedia.org/zh-
tw/%E4%B8%80%E4%B9%9D%E5%85%AB%E5%9B%9B

68.梅竹賽，維基百科
https://zh.wikipedia.org/zh-
tw/%E6%A2%85%E7%AB%B9%E8%B3%BD

黨校化
危機

大學校方與學生自治
面對政治力滲透與介入的挑戰

國家圖書館出版品預行編目資料

黨校化危機：大學校方與學生自治面對政治力滲透
與介入的挑戰/賴彥丞著. — 初版. — 臺中市：白
象文化事業有限公司，2023.07
面；　公分
ISBN 978-626-364-043-6 (平裝)
1.CST：學生自治 2.CST：大學自治
3.CST：政治權力
527.36　　　　　　　　　　　112008042

黨校化危機：大學校方與學生自治面對政治力滲透與介入的挑戰

作　　者　賴彥丞
校　　對　賴彥丞
發 行 人　張輝潭
出版發行　白象文化事業有限公司
　　　　　412台中市大里區科技路1號8樓之2（台中軟體園區）
　　　　　出版專線：（04）2496-5995　　傳真：（04）2496-9901
　　　　　401台中市東區和平街228巷44號（經銷部）
　　　　　購書專線：（04）2220-8589　　傳真：（04）2220-8505
專案主編　李婕
出版編印　林榮威、陳逸儒、黃麗穎、水邊、陳媁婷、李婕
設計創意　張禮南、何佳諠
經紀企劃　張輝潭、徐錦淳
經銷推廣　李莉吟、莊博亞、劉育姍
行銷宣傳　黃姿虹、沈若瑜
營運管理　林金郎、曾千熏
印　　刷　百通科技股份有限公司
初版一刷　2023 年 7 月
初版二刷　2024 年 3 月
定　　價　300 元

白象文化　印書小舖　出版・經銷・宣傳・設計
www.ElephantWhite.com.tw　自費出版的領導者　購書 白象文化生活館